科技部推荐优秀科普图书

武林流派

总顾问　冯天瑜　钮新强
总主编　刘玉堂　王玉德

曾睿　编著

长江文明馆献辞
（代序一）

冯天瑜

> 无边落木萧萧下，
> 不尽长江滚滚来。
> ——杜甫《登高》

江河提供人类生活及生产不可或缺的淡水，并造就深入陆地的水路交通线，江河流域得以成为人类文明的发祥地、现代文明繁衍畅达的处所。因此，兼收自然地理、经济地理、人文地理旨趣的流域文明研究经久不衰。尼罗河、幼发拉底—底格里斯河、印度河、恒河、莱茵河、多瑙河、伏尔加河、亚马孙河、密西西比河、黄河、珠江等河流文明，竞相引起世人关注，而作为中国"母亲河"之一的长江，更以丰饶的自然秉赋、悠远深邃的文化积淀、广阔无垠的发展前景，理所当然成为江河文明研究的翘楚。历史呼唤、现实诉求，长江文明馆应运而生。她以"长江之歌 文明之旅"为主题，以水孕育人类、人类创造文明、文明融于生态为主线，紧紧围绕"走进长江"、"感知文明"和"最长江"三大核心板块，利用现代多媒体等手段，全方位展现长江流域的旖旎风光、悠久历史和璀璨文明。

干流长度居亚洲第一、世界第三的长江，地处亚热带北沿，人类文明发生线——北纬30°线横贯流域。而此纬线通过的几大人类古文明区（印度河流域、两河流域、尼罗河流域等）因副热带高压控制，多是气候干热的沙漠地带，作为文明发展基石的农业仰赖江河灌溉，故有"埃及是尼罗河赠礼"之说。然而，长江得大自然眷顾，亚洲大陆中部崛起的青藏高原和横断山脉阻挡来自太平洋季风的水汽，凝集为巫山云雨，致使这里水热资源丰富，最适宜人类生存发展，是中国乃至世界自然禀赋优越、经济文化潜能巨大的地域。

长江流域的优胜处可归结为"水"—"通"—"中"三字。

冯天瑜

一、淡水富集

长江干流、支流纵横，水量充沛，湖泊星罗棋布，湿地广大，是地球上少有的亚热带淡水富集区，其流域蕴蓄着中国35%的淡水资源、48%的可开发水电资源。如果说石油是20世纪列国依靠的战略物资，那么，21世纪随着核能及非矿物能源（水能、风能、太阳能等）的广为开发，石油的重要性呈缓降之势，而淡水作为关乎生命存亡而又不可替代的资源，其地位进一步提升。当下的共识是：水与空气并列，是人类须臾不可缺的"第一资源"。长江的淡水优势，自古已然，于今为烈，仅以南水北调工程为例，即可见长江之水的战略意义。保护水生态、利用水资源、做好水文章，乃长江文明的一个绝大题目。

二、水运通衢

在水陆空三种运输系统中，水运成本最为低廉且载量巨大。而长江的水运交通发达，其干支流通航里程达6.5万千米，占全国内河通航里程的52.5%，是连接中国东中西部的"黄金水道"，其干线航道年货运量已逾十亿吨，超过以水运发达著称的莱茵河和密西西比河，稳居世界第一位。长江中游的武汉古称"九省通衢"，即是依凭横贯东西的长江干流和南来之湖湘、北来之汉水、东来之鄱赣造就的航运网，成为川、黔、陕、豫、鄂、湘、赣、皖、苏等省份的物流中心，当代更雄风振起，营造水陆空几纵几横交通枢纽和现代信息汇集区。

三、文明中心

如果说中国的自然地理中心在黄河上中游，那么经济地理、人口地理中心则在长江流域。以武汉为圆心、1000千米为半径画一圆圈，中国主要大都会及经济文化繁荣区皆在圆周近侧。居中可南北呼应、东西贯通、引领全局，近年遂有"长江经济带"发展战略的应运而兴。长江经济带覆盖中国11个省（市），包括长三角的江浙沪3省（市）、中部4省和西南4省（市）。11省（市）GDP总量超过全国的4成，且发展后劲不

冯天瑜

可限量。

  回望古史，黄河流域对中华文明的早期发育居功至伟，而长江流域依凭巨大潜力，自晚周疾起直追，巴蜀文化、荆楚文化、吴越文化与北方之齐鲁文化、三晋文化、秦羌文化并耀千秋。龙凤齐舞、国风—离骚对称、孔孟—老庄竞存，共同构建二元耦合的中华文化。中唐以降，经济文化重心南移，长江迎来领跑千年的辉煌。近代以来，面对"数千年未有之大变局"，长江担当起中国工业文明的先导、改革开放的先锋。未来学家列举"21世纪全球十大超级城市"，依次为：印度班加罗尔、中国武汉、土耳其伊斯坦布尔、中国上海、泰国曼谷、美国丹佛、美国亚特兰大、墨西哥昆坎—图卢姆、西班牙马德里、加拿大温哥华。在可预期的全球十大超级城市中，竟有两个（武汉与上海）位于长江流域，足见长江文明世界地位之崇高、发展前景之远大。

  为着了解这一切，我们步入长江文明馆，这里昭示——

  一道天造地设的巨流，怎样在东亚大陆绘制兼具壮美柔美的自然风貌；

  一群勤勉聪慧的先民，怎样筚路蓝缕，以启山林，开创丰厚优雅的人文历史。

  （作者系长江文明馆名誉馆长、武汉大学人文社科资深教授）

一馆览长江 水利写文明
（代序二）

钮新强

"你从雪山走来，春潮是你的风采；你向东海奔去，惊涛是你的气概……"一首《长江之歌》响彻华夏，唱出中华儿女赞美长江、依恋长江的深厚情感。

深厚的情感根植于对长江的热爱。翻阅长江，她横贯神州6300千米，蕴藏了全国1/3的水资源、3/5的水能资源，流域人口和生产总值均超过全国的40%；她冬寒夏热，四季分明，沿神奇的北纬30°延伸，形成了巨大的动植物基因库，蕴育了发达的农业，鱼儿欢腾粮满仓的盛景处处可现；她有上海、武汉、重庆、成都等国之重镇，现代人类文明聚集地如颗颗明珠撒于长江之滨；她有神奇九寨、长江三峡、神农架等旅游胜地，多少享誉世界的瑰丽美景纳入其中；她令李白、范仲淹、苏轼等无数文人墨客浮想联翩，写下无数赞美的词赋，留下千古诗情。

长江两岸中华儿女繁衍生息几千年，勤劳、勇敢、智慧，用双手创造了令世人瞩目的巴蜀文明、楚文明及吴越文明。这些文明如浩浩荡荡的长江之水，生生不息，成为中华文明重要组成部分。

人类认识和开发利用长江的历史，就是一部兴利除弊的发展史，也是长江文明得以丰富与传承的重要基石。据史料记载，自汉代到清代的2100年间，长江平均不到十年就有一次洪水大泛滥，历代的兴衰同水的涨落息息相关。治国先必治水，成为先祖留给我们的古训。

为抵御岷江洪患，李冰父子筑都江堰，工程与自然的和谐统一，成就了千年不朽，成都平原从此"水旱从人、不知饥馑"，天府之国人人神往。

一条京杭大运河，让两岸世世代代的子孙受惠千年。今天，部分河段化身为南水北调东线调水的主要通道，再添新活力，大运河成为连接古今的南北大命脉。

新中国成立以后，百废待兴，党和政府把治水作为治国之大计，长江的治理开发迎来崭新的时代。万里长江，险在荆

钮新强

江。1953年完建的荆江分洪工程三次开闸分洪，抗击1954年大洪水，确保了荆江大堤及两岸人民安全。面对'54洪魔带来的巨大创伤，长江水利人开启长江流域综合规划，与时俱进，历经3轮大编绘，使之成为指导长江治理开发的纲领性文件。

"南方水多，北方水少，能不能从南方借点水给北方？"毛泽东半个多世纪前的伟大构想，是一个多么漫长的期盼与等待呀。南水北调的蓝图，在几代长江水利人无悔选择、默默坚守、创新创造中终于梦想成真，清澈甘甜的长江水在"人造天河"里欢悦北去，源源不断地流向广袤、干渴的华北平原，流向首都北京，流向无数北方人的灵魂里。

新中国成立以来，从长江水利人手中，长江流域诞生了新中国第一座大型水利工程——丹江口水利枢纽工程、万里长江第一坝——葛洲坝工程、世界最大的水利枢纽——三峡工程。与此同时，沉睡万年的大小江河也被一条条唤醒，以清江水布垭、隔河岩等为代表的水利工程星罗棋布，嵌珠镶玉。这是多么艰巨而充满挑战、闪烁智慧的治水历程！也只有在这条巨川之上，才能演绎出如此壮阔的治水奇观，孕育出如此辉煌的水利文明，为古老的长江文明注入新的动力！

当前，长江经济带战略、京津冀协同发展战略及一带一路建设正加推提速，长江因其特殊的地理位置与优质的资源禀赋与三大战略（建设）息息相关，长江流域能否健康发展关系着三大战略（建设）的成败。因此，长江承载的不仅是流域内的百姓富强梦，更是中华民族的伟大复兴梦。长江无愧于中华民族母亲河的称号，她的未来价值无限，魅力永恒。

武汉把长江文明馆落户于第十届园博会园区的核心区，塑造成为园博会的文化制高点和园博园的精神内核，这寄托着武汉对长江的无比敬重与无限珍爱。可以想象，长江文明馆开放之时，来自五湖四海的人们定将发出无比的惊叹：一座长江文明馆，半部中国文明史。

（作者系长江文明馆名誉馆长，中国工程院院士、长江勘测规划设计研究院院长）

目 录

引　言 / 1
绪　言 / 1

雪原驰骋武风盛 / 7

岩画重现凝武魂 / 8
巾帼扬威苏毗兴 / 9
雄长雪域掌乾坤 / 10
以武取士武德成 / 12
崇佛护寺铁棒僧 / 13
驿站常备习武人 / 15
武僧喋血止纷争 / 17
马帮习武为护身 / 18
藏刀怒对侵略军 / 20
内地武林藏传人 / 21
古刹犹有习武僧 / 23
赛事推进武传承 / 24

滇黔迷雾有高人 / 27

险山恶水起刀兵 / 28
矛锋哀牢云锁深 / 29
蜀汉确有藤甲兵 / 31
爨重农商常备兵 / 32
刀光剑影南诏兴 / 34
崇武并尊儒道释 / 35

武士护商在昆明 / 37
军屯武术家传真 / 38
缅刀傣拳遗远韵 / 39
承华圃中胜洋人 / 41
邹氏创拳御侵凌 / 42
传艺云南德艺馨 / 43

巴蜀武林辟蹊径 / 45

凭险立国求自强 / 46
据隘封山自称王 / 47
上帝折鞭看王郎 / 48
一枝独秀白杆兵 / 49
一花五叶说峨眉 / 51
缠丝盘破广传扬 / 52
禅意道基在僧门 / 53
转益多师创练步 / 55
廪君投剑巴人尊 / 56
前歌后舞数陷阵 / 57
白虎賨人勇板楯 / 59
土家武术长留存 / 60

荆湘武风一脉承 / 63

丹淅之会楚人兴 / 64
一鸣惊人中原震 / 65
吴楚争雄芦中人 / 67
楚虽三户亡强秦 / 68
南国"木兰"荀灌娘 / 70

武侠合流在隋唐 / 71
干戈纷扰撼洞庭 / 73
武穆创拳留至今 / 74
内家拳谱在武当 / 76
湖北南拳门派创 / 77
三湘拳种亦独创 / 79
老干新葩竞绽放 / 81

赣皖武术融南北 / 83

血雨腥风有苗平 / 84
吴芮起兵亡楚兴 / 85
英布功过谁评量 / 86
亦武亦侠说二孟 / 87
东吴少年亦领兵 / 89
南北相争求自保 / 90
保甲练兵地方宁 / 91
祸乱江淮武士起 / 93
清真自创晰扬掌 / 94
官虐民怨兵祸生 / 96
名同果异见用心 / 97
普及为基艺更精 / 99

吴越武风代承继 / 101

争霸武士雄风异 / 102
越女猿公留神迹 / 103
项梁起兵在吴地 / 104
七国之乱说刘濞 / 106

凌公豪风后人继 / 107
北府兵卫吴越地 / 108
江都兵乱龙蛇起 / 110
习武自有用武地 / 111
胆为拳先是缩山 / 112
抗倭俞戚重武林 / 114
负海控江船拳奇 / 115
融古汇今展新迹 / 117

历代宗师各扬名 / 119

三丰人奇事亦奇 / 120
内家入浙张松溪 / 121
凤池侠名入方记 / 123
峨眉司徒当存疑 / 124
普恩弘扬峨眉艺 / 125
岳拳代有豪杰起 / 127
飒爽武风唐群英 / 128
湖湘自然门派立 / 130
精武会立绝技显 / 131
王子平露强劲力 / 132
温刘献艺德意志 / 134
何张传徒重启迪 / 135

结　语 / 137
主要参考文献 / 138
后　记 / 139

引 言

武术萌于实践,精于创新,贯穿于各个领域,发展于交流传承。集儒、道、释之真谛,汇《易》、医、德之精髓,流传民间经千年成其博大,载之诗文历百代呈其缤纷。

武术起于《易》,成于医,附于兵,扬于艺,在中华大地广为流传。长江流域作为中华文明起源地之一,所传播之武术有其地方风韵、民族色彩。作为长江流域文化中的明珠,溯其源流,述其传承,展望其未来发展,有利于推陈出新、重塑辉煌。

深山老林，悬崖绝壁，虎豹当前，豺狼其后，死里求生……刚走出丛林的人类，需要用脆弱的肢体战胜凶恶的野兽，才能取得生存的机会，才能取得生存必需的食物。在懂得用灵活的动作来弥补力量的不足时，原始武术产生。

两军对垒，旌挥鼓鸣，戈矛齐举，猱进鸷击，将士搏命……已进入战场的人们，需要用锐利的武器消灭强壮的对手，才能取得战争的胜利，才能实现活着回家的愿望。在懂得用多变的技击来攻破对手的防御时，军事武术产生。

黄沙古道，荒村野店，白刃相交，鹰扬隼扑，强存弱亡……跋涉于逆旅的人们，需要用自卫的能力打击抢劫的盗匪，才能保证生命的安全，才能完成自己承担的责任。在懂得用灵活的身手来避开突然的打击时，防身武术产生。

深山古刹，竹林幽深，屏息静心，万虑归宁，身健体轻……关注于身心的人们，需要用肢体的调整促进生命的机能，才能探索全身的奥妙，才能给予自我全性的灵感。在懂得用自然的体验来感悟经络的活动时，养身武术产生。

圆月中天，清影弄笛，闪展腾挪，刀光剑影，各显其能……沉迷于武道的人们，需要用矫健的动作展现精湛的技艺，才能显示姿容的妙曼，才能带给他人审美的愉悦。在懂得用流畅的动作来谱写生命的旋律时，表演武术产生。

武术萌于实践，精于创新，贯穿于各个领域，发展于交流传承。集儒、道、释之真谛，汇《易》、医、德之精髓，流传民间经千年成其博大，载之诗文历百代呈其缤纷。

武术起于《易》，成于医，附于兵，扬于艺，在中华大地广为流传。长江流域作为中华文明起源地之一，所传播之武术有其地方风韵、民族色彩。作为长江流域文化中的明珠，溯其源流，述其传承，展望其未来发展，有利于推陈出新、重塑辉煌。

绪 言

——纵贯古今析武林,溯源清流话传承

走出林莽,开辟蛮荒。早期人类以渔猎和收集果实为生,趋利避害得到食物的本能要求,使人类逐渐学会拳打脚踢、绊摔擒拿等手格猛兽而不为兽伤的动作。随着生产力的发展,私有制萌芽,部落间的战争迫使人类改进和发展了格斗技术,生存斗争的需要催生了原始武术。

「渔猎采集」

走出林莽，开辟蛮荒。早期人类以渔猎和收集果实为生，趋利避害得到食物的本能要求，使人类逐渐学会拳打脚踢、绊摔擒拿等手格猛兽而不为兽伤的动作。随着生产力的发展，私有制萌芽，部落间的战争迫使人类改进和发展了格斗技术，生存斗争的需要催生了原始武术。

战争对武术的发展起到推动作用，为战争做准备的军事训练对武术提出了新的要求，《管子·七法》对当时国家考核武术有这样的记载"春秋角试……收天下之豪杰，有天下之骏雄"，国家将武士收为己用。"学成文武艺，货与帝王家"，对武艺的学习使武术更加贴近民间，民间习武风的兴起又促进了武术自身的发展。武术依托于民间获得了极强的生命力，从中华传统文化中汲取的营养使武术成为受众广泛的大众文化。

长江流域武术起源极早，并在发展过程中形成了地域特点和民族特色。当武术成为文学创作和影视作品的素材，欣赏者从其中得到武术素材带来的审美愉悦，同时也期望揭开那些过度描写与过分渲染，蒙在武术上的怪异帷幕。武侠作家们多次写到的武当的沾衣十八跌、四川唐门的暗器、辰州言家的僵尸拳等在地域上都属于长江流域，长江流域真的有这些神奇的武术么？有这些秘密的武术门派么？有这样奇幻百出的武林么？

本书将围绕长江流域，勾稽武术史料，旁涉武林掌故，汇集武术门派，为读者描绘出发生在这块土地上的武术兴衰。

《辞海》中对武林的解释仅有三字："武术界"，对"文坛"的解释是"文学界"，对"文苑"的解释是"文士所聚之处，犹言文坛、文学界"。"文士所聚之处"即形成文学界，可武士所聚之处未必能形成武术界。龚鹏程在《侠的精神文化史论》中说"目前我们所熟知的'武林'，意指武侠活动的区域、武侠所自成秩序的世界。但这个世界，根本就出于文学作品的创造"。

武侠小说家宫白羽或由"文林"（泛称文化界）获得灵感，乃相对创

绪 言

出"武林"新词，并使用在其作品《武林争雄记》中。在《武林争雄记》之前，一般习用"江湖""绿林"等词。但武林并非江湖的同义词，江湖所涵盖的范围极大，三教九流人士皆有，如命相卜卦、和尚法师，甚至乞丐宵小等皆可称之为江湖中人。武林也非武馆镖局林立之处，更不是指绿林好汉聚集之地。武林是作家创造的概念，对其概念的内涵和外延需要从文学作品中进行界定。

以金庸的《射雕英雄传》和《神雕侠侣》中的重要人物郭靖为例，其活动范围北至大漠，南至大理，东至东海桃花岛，西至西域；上至大汗金帐，下至市井荒村，文明繁华至宋都临安，蛮荒草莽至雪山冰原。武林无处不在——武术人所到之处即是武林。隐居海岛的黄药师，僻居雪山的欧阳锋，先为君后为僧的段智兴，终生为丐的洪七公，玄门高人王重阳、丘处机，市井奇人江南七侠……这些人有雅有俗，有善有恶，有正有邪，其相同点是有习武经历，并以武术作为行为方式来表达自己的人生价值。人生价值依托武术而实现的场所即是武林。

"朝廷有法，武林有理"。武林的"理"在于维系武林的秩序。书生习武，儒家的仁和礼自然成为理的标准；玄门习武，清静无为融入了理；佛子习武，慈悲普度拓宽了理；市井习武，崇义重信支撑着理……武术以大众文化之身份，进入社会各个阶层，不同阶层用自己的道德价值来充实武林的理。武术将这些不同阶层的道德价值连接起来，以俚俗的语言来表述武林之理。如《水浒传》中的武松就曾言"我平生专打天下硬汉，不明道德之人"，文康的《儿女英雄传》中有"我平生惯打无礼硬汉……并非图这几两银子"……"不明道德"和"无礼"就是在指责违背武林之理的习武之人。

综上所述，不限地域范围，不限习武者身份，只要能习武学艺，并且用武林之理约束行为的地方就是武林。

武林中最上层谓之武侠，《辞海》对侠的解释是"旧称扶弱抑强、见义勇为的人"。武侠在中国古代历史上有独特的地位，特别是在百姓心目中，武侠与清官一样受到特别的崇敬。骆玉明在《中国游侠史》中说："侠之立世存身，大抵重快意而尚豪迈，不欲琐琐鄙鄙，曲意顺人。其重然诺，轻货财，拔人于厄难，曾不虑生死，则尤为世所称美者。"金庸则将武侠的道德标准加以提升——"侠之大者，为国为民"。这不仅是对武的肯定，也是对武德的肯定。

较次者谓之武士。武士指武技在身、混迹于社会、安身立命者。武技对这类人是谋生的手段，为己是这类人的第一原则。当武德不与为己冲突，这类人可以为善；当武德与为己冲突，这类人可以为恶。这类人依附于侠，自然有侠的豪气；依附于豪门权贵，则少不了仗势欺人的嘴脸。

最下者谓之贼。贼指凭仗武技欺压良善、危害地方、欺男霸女、助纣为虐、掠人财物、毁人名节者。既为正派武林不齿，也为安善良民所恨。

武林人又被称为江湖人。古龙称"人在江湖，身不由己"，这里的江湖是指武林人生活的社会环境。但世界不可能单独为武林人划定一个范围，武林人生活的社会环境也是普通人生活的社会环境。通市大衢、幽谷峻岭、荒村野店……人迹所到之处只要武林人介入，就成为江湖。武林人想用自己的价值观来改造环境，于是啸聚山林的梁山泊出现了，路见不平、拔刀相助的场景出现了，隐居绝域潜修绝世神功的图画渐渐清晰……武林人由于武技在身，又崇尚武德，将他们生活的环境变成了江湖，江湖路是武林人为自己创造的路。

根据年代不同、地域不同和门派不同，十八般武器有多种说法，常见的有九长九短说、六短十二长说、上中下三套十八般说等。实际上，我国古代兵器远不止十八般。习武者多根据自己的身形、力量特点选择学习兵器。

根据兵器的形状和使用方法，将兵

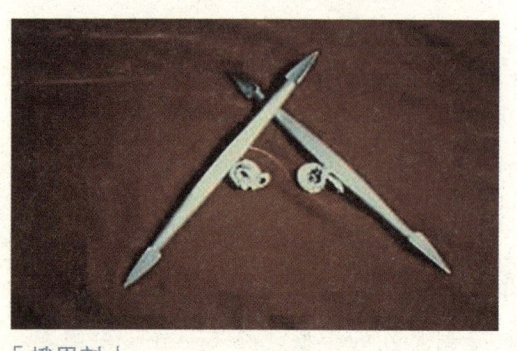

「峨眉刺」

绪 言

器分为短、长、双、软、暗五大类。短兵器主要有刀、剑、锏、峨眉刺、匕首等，长兵器主要有棍、枪、朴刀、戟、戈等，双手兵器主要有双刀、双剑、双钩、双鞭、双锏等，软兵器主要有三节棍、九节鞭、绳镖、流星锤等，暗器主要有飞蝗石、铁鸳鸯、如意珠、袖箭、飞刀、钱镖等。

「双锏」

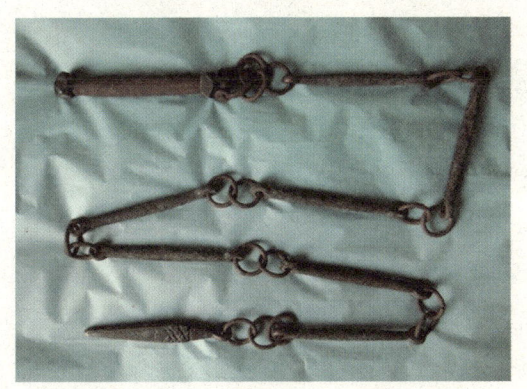
「九节鞭」

武林中尤其推崇剑，剑被称为"百刃之君"。剑最早出现在殷商之前，春秋战国时斗剑、佩剑成风。剑术理论充分发展，《吴越春秋》中有越女论剑之说。《庄子》文中有《说剑》之篇。季札挂剑徐国国君之墓，留百代之贤名。浪漫如屈原，亦有"带长铗之陆离兮，冠切云之崔嵬"的风韵。孟尝君的门客冯谖不停地吟着"长铗归来乎"，剑是他的倾诉对象。秦始皇负剑，才能逃脱荆轲的刺杀。项庄舞剑，其意常在沛公……剑除作武器外，是身份地位的标志、权力的标志，是文人雅士风雅佩饰，是佛门、道门的法器。

越王勾践剑、吴王夫差剑、吴王光剑、越王州句复合剑等，皆完好如新、锋刃锋利、制作精美，足证长江流域工匠铸剑的高超水平。兵器精良无疑为武林人助势添威。

武术的门派指有代表性的套路、独特的演练风格、独有的技术特点、有代表人

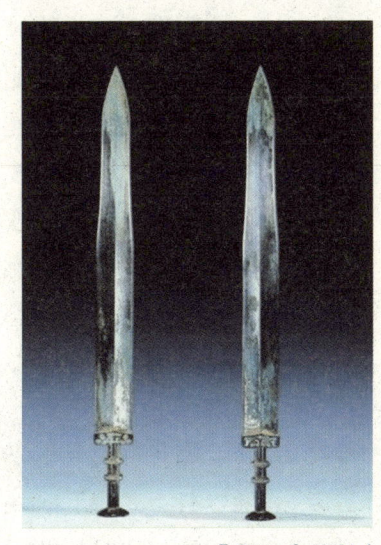
「吴王夫差剑」

「流星锤」

物、流传有序、得到社会的承认，有一定的受众范围的武术的派别，如少林派、武当派、峨眉派等。

武术门派的创始人身上都有一些神奇的光环，"神"在这些流派创始人都从大自然的奥秘中得到启迪，"奇"的是流派创始人都异于常人，有异乎寻常的禀赋，有不同流俗的经历，有艰苦卓绝的领悟和创造过程，有传至后世承继不断的成就。

张三丰观鹊蛇相斗，悟出了"以静制动，以柔克刚；顺人之势，借人之力；物来触我，我不着物"的武术之理，借鉴少林武术，创造了武当内家拳。峨眉派创始人司徒玄空模仿峨眉山白猿动作，在狩猎术基础上创编了一套攻守灵活的峨眉通臂拳和猿公剑法。王安石在《游褒禅山记》中说"古人之观于天地、山川、草木、虫鱼、鸟兽，往往有得，以其求思之深而无不在也"，这些门派创始人应该是"求思之深而无不在"的智者。

门派创始人奠定基础，继承者在此基础上因其势而定其形，故往往数代人呕心沥血、孜孜不倦地扩其规模、研其精微，才能使该门派在武林的竞争中占身立足、独呈异彩。

现存于长江流域的武林门派，在传承中往往有杰出之人，能使本门派发扬光大，在与其他门派的交流中能择善而从，使本门派武术得到提升，这就是武术绵延不绝的原因吧。

门派的创立人或受自然启示独辟蹊径，或广泛学习、融会贯通，艺成后授徒传艺，历经教学相长、反复研求，授者愈高学者愈广，门派初具规模的过程，可见门派产生是武术传播的结果，门派对武术的传播又起到更广泛、更普及的作用。

顺长江波涛之流淌，溯武林岁月之沧桑，话长江武术之奇幻，显武林人物之锋芒！

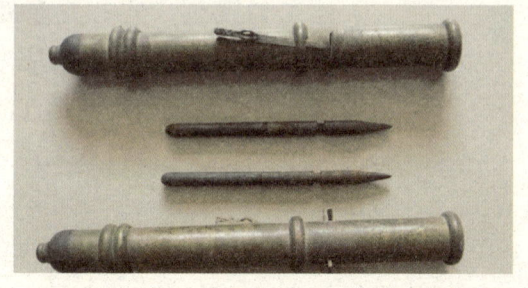

「袖箭」

雪原驰骋武风盛

冰峰矗立,孕育着一泻千里的大江大河;天高地迥,回响着婉转深情的牧歌;青藏高原孕育了古老的藏族文化,这文化中也包括藏族武术文化。

岩画重现凝武魂

恩格斯说："岩画是文字产生之前，记录人类想象、思想、生活和精神的最早证据。"西藏岩画刻绘的是青铜时代的早期至吐蕃王朝后期，距今已有 3000~1000 年。

加林山岩画是西藏最古老的岩画，刻绘有狩猎、格斗、舞蹈等画面。狩猎图中基本以徒步捕猎牦牛的场面为主，也有骑猎者，画面较为简单，马上的猎手通常是画一个"十"字形，只有向前伸的弓箭才能辨认出其猎手身份。例如有一幅狩猎图刻绘有两头正在奔跑的牦牛，两条猎犬在追逐牦牛，下方是一名猎手左手持弓，右手张弦，准备射杀牦牛。加林山岩画中还有两人手执武器的战斗场面。藏西塔康巴大型背夫队伍岩画中，有背夫队伍中的武士格斗场面，表现了藏区的商贸活动中常常伴随着战争或武力行为。阿垄沟岩画有一幅战斗正酣的激战图，左侧一人身着长袍，右手高举做投掷状，左手执弩指向右侧的已经倒地的人。藏西塔康巴岩画有身着长袍，手执长竿或长矛正在演武格斗的武士。在大扎西岛的扎勤古布洞穴有一幅表现战争场面的岩画，画面上有双方战士正在进行格斗，战士全身披甲，戴头盔，一手持战旗，一手持盾牌。战争场面显得非常激烈。藏西阿垄沟、塔康巴、曲垄、察岗等岩画上，均有一对一的武士格斗场面，有的表现武士手中持弓箭张弓相战，有的表现武士进行格斗演习。

从岩画中看到的武器有弓箭、弩、刀剑、长矛、盾牌、长竿、套索等。从岩画的分布状况，可以看出原始武术存在于西藏大部分地区。从岩画中也可以看出西藏原始武术的特点：其一是骑射结合；其二是有特殊的武器套索；其三是多用长竿、长矛等长兵器；其四是使用盾牌，已注意攻防结合；其五是注意武术训练。

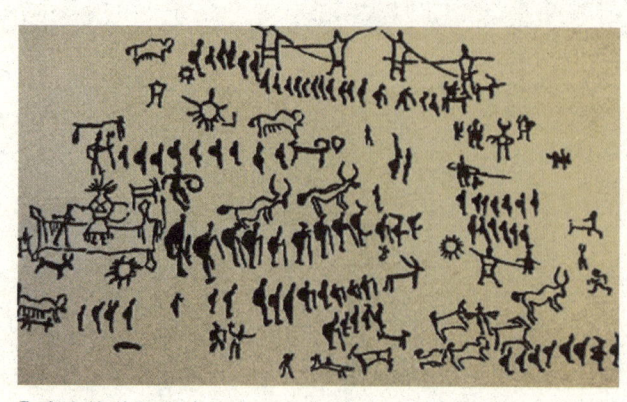

「武士格斗场面」

巾帼扬威苏毗兴

进入西藏地区的古羌人与原居民融合，建立了苏毗女国。《隋书》记载，苏毗"人有万家"，可见隋朝时苏毗已是有户逾万的大国。《北史》载"女国，在葱岭南。其国世以女为王，姓苏毗，字末羯……国内丈夫，唯以征伐为务……以射猎为业……亦与天竺、党项战争"。根据《北史》记载可知，苏毗女国还处于母系氏族社会，男人以作战为主要工作，射猎是男人不作战时的主要职业，苏毗多次与天竺、党项进行战争。

据史载，苏毗武士有对外作战、镇压内部叛乱、保护商业活动以及在祭祀活动中演武等作用，苏毗国拥有庞大的武士群体。

> 苏毗武士群体的人员来源分为四种：一是在宗教仪式后进行摔跤、武术、赛马表演。据《西藏志》载，"祭'俄博'时，草原上数十里牧帐，黑头闻锣号声而至，举行祭奠后，举行赛马、射箭、武术、摔跤等赛事。获胜者赐哈达一条，绸缎三方，大小女王及金聚于胜者中，挑选伴当。"二是牧主和贵族自己训练和培养的武士。据《西藏志》载"扎鲁丹巴于其牧人中选得健壮伶俐之人，授以马术、弓箭、射猎之术，以作亲随，养为腹心。"三是苏毗国军队中的习武之人。四是流浪的武士。这些流浪武士如不被女王军队接纳，往往成为苯教寺院的护法者，或是盗匪。西藏民歌中对这些盗匪有这样的赞颂之词，"鹰一样的眼睛，风一样的速度，莲花生的慈悲，格萨尔的勇猛。"看来，苏毗的盗匪颇有些侠义之风。

史载苏毗"恒将盐向天竺兴贩，其利数倍"。从襄曲河畔向天竺运盐，路途遥远、崎岖，且沿途有觊觎货物的盗匪，必须有足够的护商力量才能保证货物安全到达目的地。货物出售后，返回过程中要么携带金钱，要么携带回销的货物，更容易引来劫匪，故而保护商路的畅通需要武士。正如前文所列举的藏西塔康巴岩画中有背夫队伍中的武士格斗场面，表明苏毗的商业运输不仅有牦牛队，也有背夫和护商队。可以想见，在雪域高原漫长的商路上，身着苏毗服装的女人率领庞大的商队，进行着年复一年的贸易。这条商路是苏毗武士用拉只（短剑）、大伊（弓箭），及自己的生命和鲜血开辟的。这些开辟商路、保护商路的人被称为"钩松巴"（保镖）。

守卫疆土、平息内乱、保护商路都离不开习武者，尽管是女儿国，丝毫没有文弱之气，对武士的需要造成了苏毗武风极盛。当然，这极盛的武风也为苏毗的内乱埋下了隐患。

雄长雪域掌乾坤

战国初年秦献公进攻羌地，羌酋长卬为避秦军，率部向南方迁移，遂与青海诸羌隔绝。进入四川后，子孙繁衍、各立部落。其中有一部落称为牦牛部，《后汉书》称其为越巂羌，该部被吐蕃史书称为六牦牛部。

率六牦牛部进入西藏的首领是弃聂弃赞普，他自称天神所生，以其父鹘提悉勃野的名字悉勃野为姓，正符合羌族"其俗氏族无定，或以父名母姓为种号"的惯例。弃聂弃赞普改变了羌人"不立君臣，无相长一"的习俗，设立了君主制，逐渐形成国家。

传到第三十一世论赞弄囊赞普时，苏毗国发生内乱，小女王墀蚌苏吞并了大女王达甲吾的领地，忠于达甲吾的贵族与论赞弄囊共同灭掉苏毗。旧臣们先后叛乱，苏毗残部孙波与羊同、达布、工布、娘波等部落四面起兵，攻打吐蕃。论赞弄囊被叛臣置毒暗害而死，年仅十三岁的松赞干布继位。

松赞干布自幼习武，很快掌握了父亲留下的武士集团。不吝惜金钱、土地，在拉拢新臣的同时分裂旧臣集团，彻底毁灭了父王六臣和母后三臣的旧势力。将旧臣拥有的武士集团以

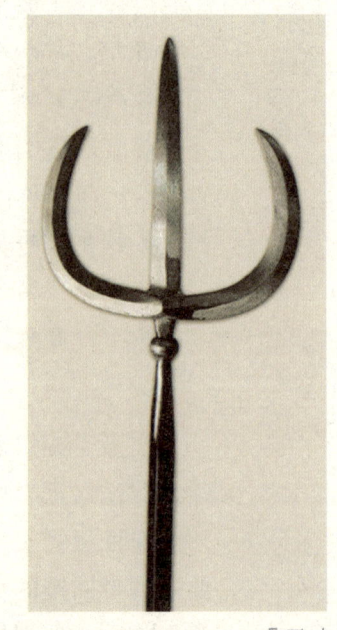

「叉」

雪原驰骋武风盛

收买的方式归为己有。武士在这一斗争中成为最有力的武器。《藏族志》中载，松赞干布对禄东赞说："武士用拉只（短剑）、大伊（弓箭）、则松木东（三叉）谋生，和牧人一样需要给以报酬。谁给的报酬多，他们就会为谁拼命。"松赞干布掌握了恩养武士的方法，完成了壮大自我、消灭对手、统一吐蕃各部的历史使命。懂得这一原理的不仅是松赞干布，后起的禄东赞家族后裔也是用这样的方式，蓄养大量武士来把持西藏的政局。

「吐蕃武士」

松赞干布在整军备武上颇有建树。首先，树立武士的荣誉感。《旧唐书》载："重兵死，恶病死。累代战没，以为甲门。临阵败北者，悬狐尾于其首，表其似狐之怯，稠人广众，必以徇焉，其俗耻之，以为次死。"武士的荣誉、财富、门第的高贵均来自于战场上的表现。"重兵死，恶病死"，效命疆场受到尊重。战场上的失败者"以为次死"，这样的生命观造就了"壮士上阵不死带伤"的赳赳武风。战争中的胜利者可以得到财产，提升家族的社会地位。

其次，《新唐书》载"其铠胄精良，衣之周身，窍两目，劲弓利刃不能甚伤。"以国力强盛为基，为军队提供精良的装备，提升军队的作战能力。松赞干布能以寡兵战胜泥婆罗国，以武力迫使泥婆罗国将尺尊公主下嫁，就在于吐蕃兵精，精在装备、精在训练。

再次，在冷兵器时代，往往采取置之死地而后生的战术，以死地来激发战斗者的求生勇气。《旧唐书》载："每战，前队尽死，后队乃进。"不仅无逃跑之机，连后退的机会都不存在。死里求生是唯一生存的机会。

吐蕃兵制，平时隶属于各自的领主，其训练及军备均由领主负责。战争时，即由领主或领主的代表亲自率领，形成了知兵之将率兵，识将之兵随将。兵将之间形成了"其君臣自为友，五六人曰共命。君死，皆自杀以殉。"的生死辅助关系。部众的团结不仅有利于危难相助，更有利于作战时的协调配合。

军强自然国强，吐蕃军强的前提是领主们拥有大量训练有素的武士，随时听候赞普的召唤。训练有素则反映出在吐蕃之地，已习武成风，形成了以武谋生的社会阶层。

以武取士武德成

为了得到赞普的重视，从而取得更高的政治、军事地位，赢得家族的名声，领主们对自家领地武士们的训练可谓不遗余力。

> 领主们往往在农奴年幼时，即进行挑选，这种挑选称为"四阅"。一看是不是家生娃子（朗生）；二看父母的体魄；三看被挑选者的身体状况，这就要通过实际考察，考察项目一为背石，二为跳跃奔跑，三为目力（视力）。

这三项考察合格后还得进行对领主的忠诚考察，即四看。考察形式为"夜于坛墠之上，与众陈设肴馔，杀犬马牛驴以为牲，咒曰：'尔等咸须同心戮力，共保我家，唯天地神祇共知尔志。有负此誓，使尔身体屠裂，同于此牲'。"通过考察挑选出来的少年，从十岁开始接受武术训练，平时不参加农业和牧业劳动（牧场转场和收割季节除外），一心习武。三年后根据技能进行分队，再三年后即进行一次考校。考校一考对打（个人武术），二考协同作战能力。通过考试者即可享受武士待遇。

不同领主都明白自己所带武士的战场位置，在训练时都有所选择，并且专门聘请武师进行训练。与汉地风俗不同的是，不形成师承关系，武师在战场中往往充任领队。这种训练方式一方面发挥了被训练者的长处，另一方面因教、学者在同一战场作战，其配合能力得到很好发挥。"术业有专攻"这种强调专项的训练形成了不同领主的武士，擅长不同的武术。由于不重师承关系，故而在西藏难以形成门派武术，多形成特色武术。例如，禄东赞及其后裔论钦陵长期处于执掌大权的位置，他们训练出的武士

（旺堆）尤善于近身搏杀。藏刀及杵的使用为吐蕃军队之冠。

因人、因地、因需要进行武士的训练，成为领主们邀宠于赞普、攫取赏赐和地位的重要途径。领主们为使自己的武士出类拔萃往往广募博纳，对有特殊技能的武士给予极高的待遇。如论钦陵的弟弟论赞婆和论悉多于在攻破党项及白兰诸羌后，将受降的战俘大部分充作牧奴、农奴，选择其中"擅骑射者，精搏击者，纳入军中"。当论钦陵责怪他们时，论赞婆的解释是"用彼之长，强吾之军，有何不可？"论钦陵担忧这些人会战而复叛，论赞婆曰："恩养之，家室之，焉不为我所用？"后论赞婆在论钦陵自杀后，"率所部千余人，及其兄子莽布支等来降，则天遣羽林飞骑郊外迎之，授赞婆辅国大将军、行右卫大将军，封归德郡王。"使论赞婆得到唐朝封赏的千余降众，除亲属外，大多是赞婆收降的党项及白兰诸羌武士。

对战俘中的武士尚且如此优待，何况那些主动投奔领主的武士呢？这种不拘一格收用武士的方法，有利于提升自身军队的作战能力，更有利于武术的传播与发展。

崇佛护寺铁棒僧

泥婆罗迟尊公主进藏开启了佛教取代自然宗教之路，文成公主进藏携带了大量的佛教经卷。"上好之，下必从之"，在两位末蒙（赞普妻）的倡导下，佛教大兴于吐蕃。赞普及藏地贵族不断以布施向佛门表示自己的皈依之心，佛庙拥有巨额的财产。超凡脱俗的佛教僧侣为保护自身拥有的财产，也招募武士、训练武士。同时不少僧侣由于其修炼形式（打坐、膜拜）造成的身体不适、精神萎靡，需要活动筋骨，开始时他们只是运动四肢，进行简单的肢体舒展运动，久而久之与武士们所习练的武术结合起来，形成了吐蕃武术的另外一支。

这些创造和掌握佛门武术的僧人被称为"铁棒僧"。铁棒取义于佛教中的降魔杵，

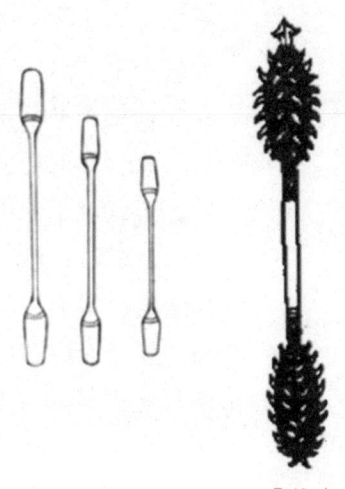

「杵」

「武僧救唐王」

两头稍大，中间稍细，便于双手交换把握。"铁棒僧"的职责是护庙主、护庙产，维护宗教仪式的秩序，在祭祀活动中进行武术表演。在危难状况下，还得服从赞普及王族的召唤，充当武士。如松赞干布之孙器弩悉弄在成年之后，不满于论钦陵擅权，"乃与大臣论岩等图去之。钦陵方提兵居外，赞普托言猎，即勒兵执其亲党两千余人杀之，发使者召钦陵、赞普，钦陵不受命，赞普自讨之。未战，钦陵兵溃，乃自杀。左右殉而死者百余人。"器弩悉弄赞普用来杀害论钦陵亲党的军队，即是以布达拉宫的"铁棒僧"组成。能一次杀害两千多人的亲党，足见"铁棒僧"作战能力之强悍。《藏族志》载"赞普之军，佛幡簇拥诸佛，钦陵军见而怯之，不战而溃，钦陵死。"看来"铁棒僧"是抬着佛像，打着旗幡，进行了这一场以王族名义和宗教名义的战争，信仰的威力使论钦陵的军队失去了战斗意志。这和汉族中"十三棍僧救唐王"（又说"十八棍僧助唐王"）的传说有异曲同工之妙。传说唐王（李世民）在得到救助后，允许少林寺公开习武，并允许习武的武僧不戒酒。器弩悉弄赞普对布达拉宫的"铁棒僧"赏赐更为丰厚，除增加封地、赏给财物外，允许"铁棒僧"传徒，并允许充任逻些城（今拉萨）的巡逻使者，规定路人（除贵族外）见到"铁棒僧"的巡逻队伍必须跪在路旁，待其走过后才可起身。

由自发的习武护寺到得到政府的允许，"铁棒僧"成了寺庙的特殊群体，习武成了他们为宗教服务的主要方式。"铁棒僧"在吸取和吸收外来武术的同时，他们在武术上也有所独创。藏文经典《柔乃纳窝》称僧人们创造的武术为扎隆，以区别世俗武术拳巴。扎隆中所列举的练功功法有坐功，要求赤身裸体练丹田之气；有静功，要求"一呼一吸，百念诸无"；还有天魔舞功，其功法为"被发跣足绕行于大殿中，号呼顿足，若疯癫状。功成，其身若折"。看来"铁棒僧"所创造的武术与汉地的气功、天竺的瑜伽有相似之处。

雪原驰骋武风盛

世俗的武术可以传进佛庙，"铁棒僧"创造的武术也会以各种不同的方式传入民间。"铁棒僧"使用的武器只有铁棒，他们在棒法上逐渐有了过人之处。吐蕃民间使用的棒法，在后世出现了三种使用方法。其一是双手执一端，利于远击。其二是双手执中间，利于近战。其三是滑把，即两手交换握把位，连打带戳，利于以一对众。"铁棒僧"佛法修行如何不得而知，但确实对武术做出了贡献。

驿站常备习武人

吐蕃向天竺输出盐、矿石，向波斯输出矿石，向高昌（古西域国家）输出矿石和手工业制品，向中原输出马、手工业制品、药材（麝香、鹿茸、朱砂），其商路向周边延伸，商路沿途均设有驿站。以到高昌的驿路为例，由逻些（今拉萨）出发，向北经过农歌驿，过那曲的阁川驿，过安多的野马驿，翻越唐古拉山口至悉诺罗驿，经格尔木、大柴旦，经当金山口至敦煌，转道哈密至高昌。沿途的驿站是根据商队的行程设立的，也是根据统治的需要设立的。这两个目的决定了驿站既是旅途中物质的提供者，也是武装力量的提供者。

> 提供武装力量并不意味着驿站能拥有大量正规士兵，驿站的主要武力来源于居住在驿站附近的刀客。刀客是一个特殊的群体，不是农奴，但没有足够财产，平时放牧着数量不多的藏山羊或牦牛，畜牧业的收入并不足以让他们养家糊口。他们的主要收入来源是护商。包括为商队引路，替商队抵御沿途的盗匪，被称为"高原上像风一样自由的勇士"。

骏马、快刀、利箭是他们生命的守卫者，使用武器的技能——武术则成为他们谋生的本领。他们的武术采用了家族传承和地域传承相结合的方式。如通往高昌商路的格尔木不仅承担着由陕西、甘肃运来货物的堆栈作用，还承担着暂时放牧从藏区运输牲畜的作用。这两项功能引来了大量外

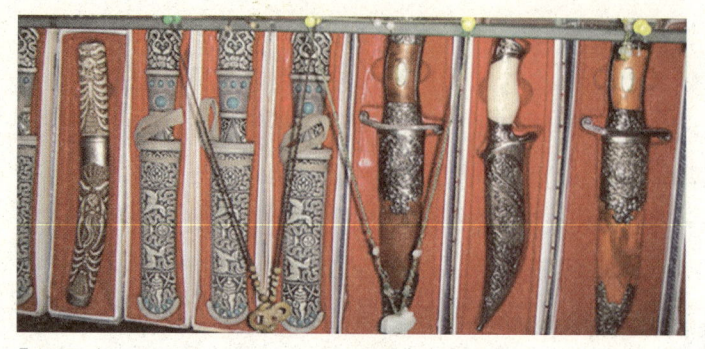

「短刀」

地青壮年劳动力。堆栈和代牧成为当地专有的行业。每年夏季格尔木周边辽阔的牧场非常兴盛，会形成牧场之争。牧场之争由牧人开始，由刀客争斗发展到需要官府介入的阶段才能得到解决。货物要运至格尔木必须有护商的刀客伴行，刀客成为格尔木必不可少的特种行业。格尔木的刀客要求擅长于骑射之术，"上马则备战斗，下马则屯聚牧养。"射箭分为立射和骑射两种，唐代格尔木有名的力士嫩杰岑能用箭射断鹞鹰的腰部，具挂东坚能将箭射至三倍于目力所及之地。除骑射之术外格尔木的刀客均要求练习藏刀、短剑，以用于近身搏击。

　　刀客的活动范围受到驿站的限制，如农歌驿的刀客南不过逻些（今拉萨），西北不过阁川驿。这是为了避免驿站之间的利益冲突，也是为了减少刀客之间的意气之争。唐高宗时论吐浑弥的商队经称多众龙驿至多玛，有两位称多众龙驿的刀客偷偷地随着商队到了那禄驿，冒充商队成员刺探那禄驿刀客的状况，语言上流露出对那禄驿刀客的轻视，结果是当场发生冲突。那禄驿刀客以众胜寡，将称多众龙驿的刀客砍伤后，剪掉辫发。称多众龙驿的刀客在受到侮辱后对那禄驿的刀客进行了偷袭，双方均有伤亡。后经官府介入，判定称多众龙驿刀客越界，处以死刑，才了结这一争端。

　　9世纪初吐蕃国力日渐衰落，但商业活动并未因吐蕃国力衰落停止，护商主要依靠的是商队自身的武士集团和沿途的刀客，一些驿站的官府力量逐渐削弱，这些驿站周围的刀客为自身的生存维护着驿站的活动。当商路改变，原商路驿站被撤销，被撤销的驿站刀客们要么投奔别的驿站，要么投奔商队，要么和盗匪合流成为商路上的灾难。他们懂得商队行走的习惯，了解商队进行自卫的战术，对商队的打击往往是"避其朝往，击其暮归"，给商队以致命的打击。

武僧喋血止纷争

9世纪后,西藏在中华大地的历史风云中很长时间隐藏在云层之后,直至一位宗教奇才八思巴,以其高深的佛学造诣和在纵横捭阖中既依附强者,又不失去自我的手段,得到忽必烈的信任和尊重。18岁时就被忽必烈任命为第一任总制院总管。睿智的八思巴用"归附",先将藏地统治权捧给元朝,再用元世祖赋予他的对藏统治权来维持西藏政教合一的统治。这一举措为西藏和平发展提供了政治前提。

元世祖至元二十七年(公元1290年)一场奇特残酷的战争在西藏墨竹工卡县直孔地方发生。这场战争的奇特之处在于进攻者和守卫者全是西藏僧人。据《藏史》记载:"经幡在前,随着号筒吹响,僧人开始攀爬围墙,围墙上的僧人用石块砸下。死伤甚众。进攻者开始以弓箭攒射,止贡提寺的僧人稍有退却,进攻者拥上围墙,守者不退,铁棒长刀沾满了鲜血。砍杀中六字真言时时响起。"佛庙是清净之地,是慈悲之地,此刻成了血腥屠杀的修罗场。

向止贡提寺发动进攻的是萨迦派僧人,引起这场战争的原因是止贡派利用蒙古叛王军事上的支持,攻掠并焚毁了萨迦派的甲域寺。这种明目张胆挑战萨迦派权威的行为给止贡派带来了致命的打击,尽管止贡派为这场战争所做准备非常充分,仅训练僧兵就用了三年之久。在招收僧兵的时候,对辖区之内的习武之人(包括盗匪和马贼)都积极搜罗,并按照使用兵器进行分队。在江孜与萨迦僧兵作战时,最先被击溃的是支持止贡派的西蒙古军,在西蒙古军撤退后,止贡派的僧兵口宣佛号"舍生忘

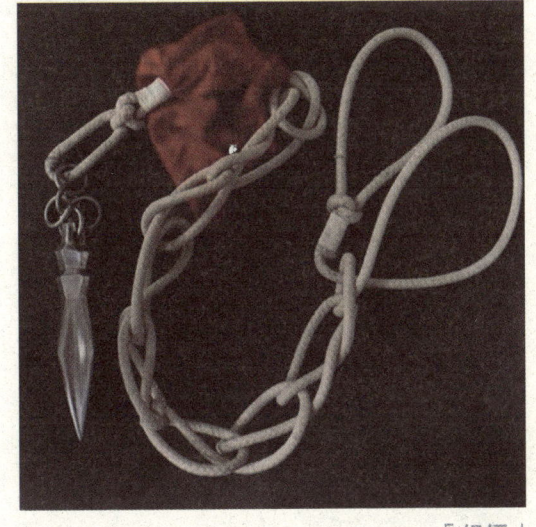

「绳镖」

死，人人争先，与敌具亡"。这一仗萨迦派僧兵死亡人数为3000余人。止贡派失败后，逃走的僧兵往往混于其他寺院，进行报复活动，直至至元二十九年（公元1292年）止贡派的反抗才彻底结束。

从佛教传入西藏，寺庙养僧兵已成为传统，但僧兵都只在本寺庙范围活动，对个人武术的要求并不高。从止贡派与萨迦派对抗以来，双方都增加了僧兵人数，投入大量经费购置兵器，并花重金聘请武师，对僧兵进行训练。在很短的时间内，双方都形成了进可攻、退可守的强大兵力。藏地武术在这种特殊的条件下得到发展。

例如双方为了窥探对方的机密，都训练出动作敏捷、善于攀爬、速度飞快的"多郎"。大约相当于中原武术中轻功特别好的武者。多郎的主要任务是侦查和暗杀，平时在寺庙中都用黄布将脸部遮住，不让身边的人认识，仅在寺庙主管面前说话，以至于同伴之间都不熟悉对方的声音。又如僧兵利用原来的甩石练成了绳镖，能攻击离自己20多米的对手。原来传入西藏的天竺瑜伽术、柔术也与藏地武术联系在一起。据《藏史》载，止贡提寺的僧兵在对方用铁杖击来时，腰折于地，从下出刀，断敌足。

取得胜利的萨迦派更加重视僧兵的训练，后起的噶举派、宁玛派、格鲁派都拥有足以钳制世俗势力的僧兵。寺庙武术不仅成为藏地武术重要的组成部分，也为藏族武术的发展做出了贡献。

马帮习武为护身

青藏高原的商队出现得很早，专门为商贩运输货物马帮出现在元末，兴盛于明清，民国后日渐衰微，真正绝迹是改革开放以后的事。马帮是商品经济发展的产物，也是交通落后的产物。在漫长的历史时期，马帮驮运的不仅是进进出出的货物，也架起了民族交融、文化交流的桥梁。

马帮面临着三重风险，一是道路险峻难行，二怕高原气候多变，三怕沿途的盗匪。在西藏马帮的赶马人叫"腊都"，"腊都"大都出身贫寒，为生计所迫才走上赶马的路。走西藏的"腊都"大多是滇藏边沿的藏族人。他们多少会说一些汉话，这样才能和商家打交道。从云南丽江过来的商帮需要雇用藏族"腊都"。除了藏族人特别能吃苦外，熟悉沿途的路径和能对付沿途的藏地土匪，容易和沿途藏民进行交流，也是商帮必须雇用他们的原因之一。

> 藏地"腊都"和云南过来的马脚子从穿着上一眼可以看出。云南的马脚子短褂外都套一件白色的羊皮背心，背后挂着漆布凉帽，脚下是一双厚牛皮底的草鞋状的凉鞋。藏族的"腊都"身穿"氆氇"，脚蹬厚底牦牛皮靴子，腰里佩一把藏刀。

藏刀刀鞘一般是用牛皮做的，较为特殊的是有一把藏刀的刀鞘上镶有银花，使用这把藏刀的"腊都"叫仁钦卓仁，他在云南的马脚子和藏族的"腊都"中已成为一个传奇性的人物。他原是一个牧人，由于突降的暴风雪使他失去了亲人，失去了财产，后来在寺庙里学了一身武艺，又受不惯寺庙的约束跑了出来。跑到梅里雪山遇见了一支马帮，马锅头出于怜悯救了他，马锅头的这份怜悯在三天之后就得到了回报。一群土匪堵住了马帮，仁钦卓仁拔出藏刀就冲了上去，砍死了土匪头子。马脚子们被仁钦卓仁的勇气感染，一拥而上赶走了土匪，保全了马帮。马锅头认为他是马帮中不可缺少之人，坚决邀请他加入了马帮。从此，马帮中的不少马脚子跟随他习武，也像他那样佩起了藏刀。仁钦卓仁拉起了一帮藏族小伙，跟他习武、随他赶脚，由此藏地出现了以赶脚为职位的"腊都"。据说仁钦卓仁活了53岁，也有传说中说他活到70多岁时还单人击败过一群土匪。

从马帮开始聘请藏族"腊都"，"腊都"中的打头人藏刀的刀鞘上就嵌一朵银花，这是对仁钦卓仁的纪念，也是藏族"腊都"武勇的表现。据说仁钦卓仁从来不收徒弟，只拜兄弟，他对兄弟们练武督促得很严。他告诫兄弟们"练武不是为了逞凶斗狠，也不是为了争夺姑娘，而是为了活下来。练武时不能分心，这是在赌命。"

马帮习武为全身，仁钦卓仁为武术找到了一种正当的用途。"腊都"们继承了仁钦卓仁的遗风，并让云南和藏地的武术得到了交流。

藏刀怒对侵略军

自 1600 年英国东印度公司建立，英国人就梦寐以求进入西藏。东印度公司先利用乔治·波格尔与六世班禅的私人友谊，对西藏进行情报刺探。在 19 世纪中期后，又训练居住在西藏周边的印度班智达人对西藏进行地理测量。在进行了军事试探后，英军对藏军的作战能力不屑一顾，认为藏军的武器及作战方式十分落后。他们认为藏兵所用之武器"已具收藏及考古之价值"。就是这些被英国人瞧不起的原始武器，在抵抗英军的战斗中依然对英国军队有震慑之力。

1903 年初，荣赫鹏率近万英军挺进亚东峡谷，十三世达赖号召"全藏僧侣人民不惜重大牺牲，誓与佛教大敌英国侵略军决一死战。"并命令加快制造枪械，进行抵抗。这场战争是一场先进武器与落后刀枪的战争，其结果是拉萨被攻下，噶厦政府被迫签订了《拉萨条约》，但藏地的抵抗从未停止。

首先抵抗的是海拔 4360 米的帕里地区，该地的牧民自觉地将牲畜转移，断绝英军的给养。藏民自发地袭击英军的辎重队，英军的辎重队主要由印度土兵组成。尽管他们手持先进的火枪，藏民们使用的是弓箭和藏刀，但藏民熟悉地形，经常于地势险要之处采用偷袭，使火器无法发挥威力。荣赫鹏所组织的两万余头牦牛为主体的辎重运输队，沿途损失近半。一向轻视藏军的荣赫鹏为其后方保障无力，多次致电驻印总督。

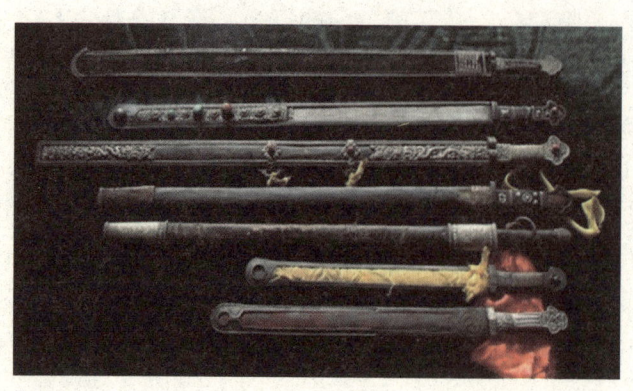
「藏刀」

西藏僧人拼死抵抗英军，如紫金寺的僧人与英军战斗了两天。荣赫鹏见无法占领，命令以大炮轰击。紫金寺全部建筑坍塌，僧人战死。参与此战的霍克上尉在给家人的信中描述"这些只有少数火器的喇嘛，都奋不顾身。尤其是其中手持铁棒的僧人，只要冲进英军队列，不到战死不会放下手中的铁棒。这些野蛮人把战斗到死看成升入天堂（佛国）的坦途。"英军在进入拉萨后，不敢分散行动，只要落在队伍后几十米，就可能被藏民杀死。十三世达赖不愿意屈辱地签订条约，逃出拉萨。荣赫鹏强迫西藏哲蚌、色拉、噶尔丹三大寺寺长罗生嘎尔曾等人签订协议，无法逃走的僧侣和藏民坚决抵制，暗中的反抗从未停止。

　　这一时期清政府的妥协，西藏上层人士的退让与藏民们自发地反侵略斗争形成鲜明对比。光绪三十年（公元1904年）7月16日，清政府为制止西藏对英军抵抗，"著即将达赖喇嘛名号暂行革去，并著班禅额尔德尼摄藏事"，十三世达赖就是因为力主抵抗而被革去名号。同时为更好地体现慈禧所说的"竭中国之所有，结与国之欢心"的外交政策，满清驻藏官吏对抵御英军的行为也开始镇压。光绪三十一年（公元1905年）2月，三岩、瞻对的藏民因英国人进喇嘛庙不守庙规，有轻慢亵佛之行为，"群起而攻之，英人脱逃后，英军前来镇压，被藏民于瞻对山口推下巨石，砸死数人及战马。英军突出山口后，见人即开枪。藏民见伤及无辜，群情大愤，杀死英军十余人。"对于藏民的自卫行为，清政府要求驻藏大臣开导藏民，并严谕地方官和西藏地方政府"实力保护洋商及游历之洋人"。

　　在抵抗英国侵略军的斗争中，喇嘛庙的护庙喇嘛（即铁棒僧）和习武的藏民谱写了一曲悲壮的血泪战歌。荣赫鹏在他的回忆录中有这样的描述"落后的武器加上视死如归的勇气，不过是给了我的士兵们一次训练的机会"。藏刀不敌洋枪洋炮，但视死如归的勇气永远在雪域高原传承。

内地武林藏传人

　　西藏武术在接纳、吸收外地武术的同时，也将自己独创的武术传授到其他地区。这正应了中原武林的一句话——天下武林是一家。

　　西藏密宗喇嘛的武术据传源自星龙长老。星龙晚年因机缘巧合，收广东武师王平（绰号独脚铜人）之独子王隐林为徒，以西藏密宗喇嘛派武术及医术传授给王隐林。王隐林为学艺，出家为僧陪伴星龙长老居于庆云寺，用了将近十年间尽得星龙长老真传，练就一身好武功。星龙圆寂后，王隐林遵师遗命还俗，从广东赴陕西一带保镖，同时暗中结交江湖上反清志士，冀于适当时机起义推翻满清。然大志未竟，于晚年重返广州，以授拳、行医谋生。王隐林技成后，屡于比武场合挫败别派高手，被誉为"广东十虎"之一。

王隐林期初只传授喇嘛派"外八门"武艺（拳腿功夫），命名为"侠家"，取"行侠仗义"之意，这一时期的得意门徒有黄汉荣、潘浩、袁焕和二路正等人。黄汉荣将侠家拳发扬光大，桃李满门，享负盛名的武术名师伍冉明、驰誉粤剧及电影界之关德兴就是他的再传弟子。王隐林的另一门人李英泉，向他引荐了友人稚子蔡懿恭。蔡懿恭之父是广东中山富商，延聘王隐林到其家中传授武艺，并且承诺侍奉他至百年。出于感激，王隐林将密宗喇嘛派"内、外八门"倾囊相授。年幼体弱的蔡懿恭在练习喇嘛派武术后，身体日渐强壮，并对武术产生了热爱之情。通过勤学苦练，尽得王隐林真传。这时王隐林将"内、外八门"合成为"喇嘛派"武术来纪念星龙长老，从此喇嘛派的武术在广东武术界独树一帜。

明代中叶白鹤派的初祖阿达陀尊者，因猿鹤相斗悟到技击之法。开始只创出飞鹤手八技、弥勒手八技、兜罗手八技，共二十四式。他的门人多罗吉坦尊者化约为博、变简为繁，将二十四式发展为每式三变，演化为正反十套手、四路宗手等，称飞鹤手之猿行鹤立、偏身撞打、消身直取为罗汉手，抓拿转搓等为弥勒手，簪指掌为兜罗手，并且自号为白鹤宗。清咸丰同治年间，升龙长老南来广东，居肇兴鼎湖山莲花庵，更名为白鹤派，先传弟子大智、大慧、大圆、大觉四禅师，后再传陈荫、周香远、朱子尧、黄林开等人。黄林开是白鹤派武术传播的大功臣，幼年时即开始从师学武，向十几个有名的武师学习，28岁才拜在升龙长老门下，学习白鹤派武术。他的门人吴肇锺在习得白鹤派武术后广泛传徒，使白鹤派武术不仅在广东流传，而且流传于海外的华人社会。据武术家们评论，白鹤派兼具内外家之长，在搏击时以偏身侧击、抽身撞打、消

「白鹤拳」

身直取、手去身离、非脉不打等为要诀。加之白鹤派医武并重，习白鹤拳有益于强身健体、祛病延年。

西藏武术传入内地，是武术交流史上的一段佳话，也为内地武术增添了别具风情的色彩。西藏武术经过学、创、传、承四个阶段，显示其永久的魅力。

古刹犹有习武僧

西藏民间流行以武舞为内容的武术活动，即"跳神"，藏语称"羌姆"。"跳神"不仅在布达拉宫及各大寺院中举行，而且在西藏各地小寺院及村寨、部落于年节时均举行。据《萨迦世系史》所记：11世纪初，后藏卓地昆氏家族举办的一次跳神上，出现了"百技武艺之中，有巫师多人，自在女28人，戴面具手持武器，另有长辫女鼓随之而舞，至为奇观……"的场面。"跳神"分为十六段。如第九段叫"金青"——护法神舞。九人戴愤怒金刚面具，着黑帽神服，一手举神斧，一手持大刀，运用劈、砍、斩、剁、刺、挡等武术动作，表现护法金刚与恶魔争斗的情形。舞姿勇猛雄劲，是跳神的主体舞之一。第十段叫"结巴"——勇士舞，即男子汉舞。由八名强壮喇嘛表

「"跳神"」

演，舞者着盔甲，手持矛和盾或举大刀，腰系弓箭，在鼓钹、蟒号声中作劈、砍、刺、挡等武术动作，表现勇士们在战场对敌中不畏强暴、拼力厮杀的场景。以上舞蹈名为舞实为武，表演者没有深厚的武术基础是难以动作如此娴熟、如此扣人心弦的。

> 在跳神中可以看到善神起舞，动作舒缓大方、刚柔相济，刀、剑颇有内地武术太极门的风度；凶神起舞，迅猛粗犷、动作大开大合，其气势不下于战场厮杀。

跳神中的舞武一要舞者武术娴熟，二要舞者年轻力壮。为此，有规模的寺院专门训练青年喇嘛，派专人教习武术，训练从不松懈。

有趣的是，有些喇嘛习武成癖，知道自己不能参加跳神演出，依然继续习武。据旅游者记载，在哲蚌寺外，每日清晨就有就有喇嘛在练习武术。有的练跳跃，有的以手击树，有的举石练力……有几个年老的喇嘛就在严寒中打坐，他们不因旅游者的围观而停止练习。一位名叫罗登泽姆的老喇嘛年过六十，竟然还能徒手倒立。当问到他为何不去诵经时，他说每天练两次就可以更好地诵经奉佛。西藏武术得以在今天传承，喇嘛们居功不小。

喇嘛们不仅练习武术，也通过寺庙壁画记载武术内容。山南桑耶寺有一幅"履卧钢刀"的壁画。画中人仅穿通肩稀薄裙，以腹承刀尖、身体平展、四肢平伸、纹丝不动、静如磐石。这是将气功、肌肉力量与平衡技巧结合起来的武艺，表现刀枪不入的境界。阿里古格王朝遗址卓玛拉康寺内的一幅画中，也描绘了身着铠甲，左手持盾、右手持兵器的武士练习武功。托林寺的壁画中有的人在盘膝打坐、运气吐纳，有的人在伸拳舒臂、习练拳术。这些壁画对西藏民族武术的历史和传承极具价值，从这些壁画中可以看出藏族的武术中吸收了内地武术和印度打斗术的许多特点。"善纳者大，善取者博"，西藏武术立足自身特点，又从异地武术中吸取了可以借鉴的部分，故能深入民间流传至今。

赛事推进武传承

西藏藏族自治区成立后，武术成为西藏传统体育的项目之一，群众性的武术活动进一步普及。在西藏民间普遍流行的武术活动主要有矛对刺、耍刀、耍棍、三叉对顶、角力、摔跤等，每个地区都有自己的武术特色。西藏的加查县和林芝地区以刀剑出名；昌都地区以枪术、剑术著称；波密和贡布地区盛行刀术。每个地区在推广本地区武术时各有特色，如昌都地区的枪术对刺比赛，就是让参赛者穿上黑色的罩袍，比赛用枪去掉枪头，用纱布包上石灰，然后开始比赛。以一炷香燃尽的时间内，在对方黑罩袍上留下白点最多的人获胜。这种比赛既考核了参赛者枪法是否娴熟，也对参赛者的耐力进行了考验。另外，在考核枪术中还有六人对峙，每三人为一组。这就不仅要求参赛者枪术高明，还要求参赛者能互相配合。

> 刀术是藏族成年男子的运动项目，在比赛中参赛者把约长一米、手腕粗细的木头抛到空中，然后快速舞刀，优秀的选手在空中能把木头砍成数截。这是个人比试，往往能在比试中引来阵阵赞叹声。这种比试考验的是刀的锋利和舞刀者的敏捷。另有一种是砍木柱，即在比赛场地埋下两行粗约合把的木柱，每行约16根，随着裁判一声口令，两位参赛者就开始砍，谁先砍完谁胜，这是力量强弱的比较。

在贡布地区，牧民们往往还进行藏刀对练。为避免危险，在对练中规定刀不出鞘，以谁能先把刀口对准对方的脖子为胜。林芝地区的射箭比赛，往往在宗教仪式后举行，比赛分为骑射和立射两种。立射与现代国际射箭比赛接近，每个选手可以对着自己的靶子射12支箭，以中靶多少定输赢。由于西藏地区没有在靶上画环的规则，因此中靶数相同者，还需进行复赛。骑射则要求参赛者骑在马上，在快速奔驰中迅速射出6支箭，以中靶多少决胜负。

西藏有三项武术运动是特有的。一项是甩石比赛，参赛者用牦牛毛绳套住石头后，用力使石头在头部盘旋，甩向指定的方向，与链球运动有几分相似。不同的是投掷链球时，人需要旋转，甩石只允许手臂旋转。甩石一项是比谁甩得远，另一项是比谁能击中设置的目标。另一项是三叉对顶，参赛者双方各执三叉一柄，叉齿交合，双方用手持叉柄，用腹部顶住叉柄尾部，在叉齿交合之处对应的地上画一条线，以腹部之力相顶，在规

「西藏"俄朵"（甩石）」

定时间内以离线远者为负。表面看这一项目纯粹在比力量，实际上练过气功、会突然发力者往往取胜。第三项是抱石徒步奔远。参赛者人数不限，每人抱约20千克的石头一块，同时起跑，以先到终点者为胜。比赛线路设置有沟、坎、坡，要求参赛者不仅具有负重奔跑的能力，还要求在双手抱石的状态下具有跳跃和攀爬能力。

在农牧区由于受到地理环境的限制，人们往往将武术活动作为重要的娱乐活动，自发地举行小范围的比赛，在丰富了农牧区生活的同时，也使更多的青年人接触到武术，并借助武术使自己在各项大型比赛中扬名立威。在武术比赛中，藏族青年能显示自己的能力，也能赢得少女们的青睐。至于是否抱得美人归，这要看一个"缘"字了。正如藏族诗人饶阶巴桑诗中所说："要在海底的蚌壳里，找到泉头失落的珍珠，只有让我变成一条金鱼，顺着泉水不分日夜地追逐……"，当缘分到了，藏族少女们的痴情，会炙热得让藏族青年的目光中闪烁出爱情的火花。

滇黔迷雾有高人

云贵高原海拔比青藏高原低得多，但山更险峻，岭更雄奇，高山大壑之间靠比蜀道更险的路连接。生活在这块土地上的古人类用原始的武器、简陋的工具，逐走虎豹，战胜瘴疠，以坚韧不拔、前赴后继之精神先后孕育了僰文化、滇文化、哀牢文化、夜郎文化，以至爨文化、南诏文化、东巴文化……云贵武术作为这些文化中的重要构成部分，既有其地域特点，也有其民族特点。

险山恶水起刀兵

汉代枚乘曾用险山恶水形容这一地区。"险山"挡不住人类开拓的脚步,"恶水"止不住人类跋涉的雄心。远在2500多年前,这块土地上的僰人已开始为求得生存、发展而奋争。僰人创造了云贵高原的原始武术,使云贵武术从产生起就有着特异的风貌。

大约在2000年前,古僰人被迫流离,辗转于云贵川三省交界的崇山峻岭,一次又一次开辟新的聚居地,让民族得以生存,文化得以延续。据历史记载,僰人在西周时期就出现在祖国历史的画卷中,他们参加了周武王伐纣的牧野之战。其首领因战功被封为僰侯,《珙县志》载"珙本西南夷服地……僰人居此,号曰僰国。"僰人在迁徙途中聚族而行,走在队列前的是部族的武士,由首领率领随时准备迎击突然出现的猛兽和其他部族的侵袭者。武士们所持的武器有竹制的弓箭和硬木制成的大头棒——杵,可见他们还没有进入青铜时期。这时中原地区已出现了青铜器,僰人以最落后的兵器进入这一地区,是通过怎样的努力才取得生存的权利?《珙县志》载:"骤然遇敌而不惊,以僰语应对,不应则以箭射之。矢尽则抛石击之,近敌时以数人当前,余众则环而围之,一击则众击。"看来古僰人已掌握了一定的作战艺术,并懂得互相配合之重要。这是为求生存之战,往往是人人争先、个个奋勇、悍不畏死,这样他们才能在新的聚居地建立起自己的村落。通过周武王的封赏,建立自己的国家,并且勇敢地将发展的触角向四周延伸。参加牧野之战证明了僰人依仗自己的武勇,得到了中原的承认。

直到今天,云贵川三省交界处的悬崖峭壁上还留有残存的棺桩、数不清的桩孔和具具悬棺,还留有几十幅刻在绝壁上的岩画。岩画经风雨侵蚀,大多模糊不清,只有两幅比较清晰。一幅

「僰人」

是僰人祭祀的情形，画中两个僰人正在用木棒进行对击，一人将木棒架在胸前格挡，另一人一腿跪地用木棒横扫。另一幅是僰人送葬的队列，队列前一人举着长竹竿，竹竿上飘着长长的布条，竹竿后 6 人抬着船型的棺木。棺木后跟着的人有的双手捧着碗，有的双手捧着衣物，走在队列最后的一人，双手平端着一根木棍——大约是死者生前使用的兵器吧。

> 这些岩画显示着僰人曾走过的历史之路，奇特的悬棺葬制，表明僰人希望有一天能将棺木迁回祖居之地。人死后还要将生前使用的兵器殉葬，僰人真不愧是一个生也勇猛，死也刚毅的民族。

矛锋哀牢云锁深

大约在公元前 3 世纪，哀牢人建立了东至洱海，西至伊洛瓦底江，南至西双版纳，北至横断山脉的哀牢国。《后汉书》载哀牢国创立者为九隆，传说为龙的后代，"及后长大，诸兄以九隆能为父所舐而黠，遂共推以为王。"这则记载说明九隆完成了从母系氏族进入父系氏族的伟业。根据方国瑜的推算，九隆大约生于公元前 370 年，其后代可考的是禁高、吸、建非、哀牢、桑藕、树承、树貌、扈栗，公元 51 年扈栗主动归顺了东汉王朝。

哀牢是九隆的后继者中最有作为的君主，除在经济上有所作为外，在军事上使哀牢国成为云南强国。据《云南志》载，哀牢立六王，各率军 1200 人，教以队列，习以武技，以铜为兵，以藤为盾，雄长一方。哀牢后来以王名作国名，大约是因为这位君主武功显赫吧。即使归顺东汉王室的扈栗，也有过显赫的武功。扈栗让其军队制作牛皮船，渡过伊洛瓦底江，"击附塞夷鹿茤"，在取得战争胜利后，由于江水突然暴涨，扈栗的军队不少死于江中。扈栗觉得是天在谴责他，于是归顺了东汉。汉光武帝封他为君长，扈栗除了向汉朝进贡外，依然统治着哀牢地区。

哀牢立国近 400 年，其经济发展水平高于周边地区。其训练军队讲究

「景颇族长刀」

一整、二猛,对士兵要求"身捷如猿,疾足如奔马"。在武器装备上哀牢士兵使用青铜刀、剑、戈、矛,箭头也为青铜铸造。近年来哀牢地区出土的大量青铜器,不仅有上述武器,而且有象征军事将领权威的铜钺、铜戚。云南省出土的30余件编钟中,有13件出自哀牢地区。云南出土的铜鼓200余具,哀牢地区占了半数以上。这表明哀牢国的军队已经用鼓作为部队的号令。

今天景颇族使用的长刀,据传就是继承哀牢的武术。景颇刀术有单刀术、双刀术。单刀术主要有三套,第一套名为三步砍豹,御敌时先跨一步迎敌,后退后两步跳起出刀。第二套为脚踏梅花,向左向右各进一步,然后退向中心,又向右退后一步,转向左边出刀。第三套为脚踩七星,通过七步不同的变化制造进攻机会,这些刀法简单而实用。

哀牢人的另一支后裔是德昂族,他们的武术器械一般是刀。刀长50厘米,刀刃直形,多有双血槽。一端系有10厘米长的绳圈,用时将绳圈套在手腕上,五指握刀藏于袖中,能出其不意地打击对手。1944年冬,日寇经过高黎贡山时,德昂族青年王四麦用德昂刀砍死了三个迷路的日军。

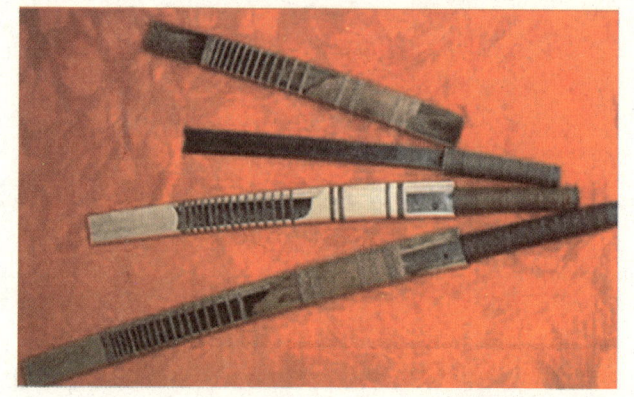

「德昂刀」

云锁哀牢,在历史的迷雾中,哀牢人已融化于其他民族之中。他们所创造的文明被后世的民族所继承、发扬。

蜀汉确有藤甲兵

《三国演义》九十回载"有一国,名乌戈国。国主兀突骨,身长丈二,不食五谷,以生蛇恶兽为饭;身有鳞甲,刀箭不能侵。其手下军士,俱穿藤甲;其藤生于山涧之中,盘于石壁之上;国人采取,浸于油中,半年方取出晒之;晒干复浸,凡十余遍,却才造成铠甲;穿在身上,渡江不沉,经水不湿,刀箭皆不能入:因此号为藤甲军。"诸葛亮南征之事为正史所载,"七擒孟获"则为小说家言,其中不无杜撰之词,但藤甲兵在蜀汉时期确实存在。

2007年12月24日《贵州都市报》载,被蜀国丞相诸葛亮用火烧死的藤甲兵在安顺"复活"。安顺开发区歪寨村村民根据老人的回忆复制的两副藤甲已经全部完成,村民穿在身上,活像三国时期曾大败蜀军的"藤甲兵",令人惊奇不已。藤甲是用当地山林中生长的青藤制作的,分为男装和女装,均十分坚固,若是用刀刺或箭射,是很难刺穿的。据村民韦达泽介绍,他们居住的村寨是一

「藤甲兵装备」

个布依村寨,藤甲是他们的祖先留传下来的,听老人们说,许多年前,他们的祖先即布依先民曾身穿藤甲协助苗族首领孟获,大胜诸葛亮率领的蜀军,后被诸葛亮设计火攻打败后,残余者逃往深山老林中生存。

每年正月间和六月六,歪寨村民都要表演藤甲舞舞蹈。跳藤甲舞时,人们身穿藤甲,手持盾、矛、弓箭、刀、枪等器械,用铜鼓和皮鼓伴奏,舞蹈共有十二路(段),采用铜鼓"十二则"鼓点伴奏,一般由7~8人跳,最多时有16人,男女均可参与。藤甲舞的完整表演,一般要跳8天,从正月初六一直跳到正月十四。

早期的藤甲舞，主要以表现战争为主，除藤甲胄以外，手上持有盾、大刀、月亮叉、长矛等兵械，双方刀枪相见时，有严格规范的步伐和动作。藤甲武士分成两军，分别以铜鼓助兴，鼓点由轻重缓急、单声、连声等方式规定了作战信息，鼓声指挥着各自队伍，分别表现进退、包围、突围，以砍下对方首级（头顶上璎珞）多少决定胜负。双人拼斗时全凭自身武功，一旁铜鼓助威，鼓点时缓时急，输赢结果同样以得胜者砍下璎珞或对方身上被刺白点的多少决定胜负，一般为10~20分钟一场，中途休息10分钟后重新开战，一场决斗有时难分雌雄，往往打上五六场才见分晓。

历史不能虚构，历史文物的"复活"为记载过于简略的正史增添了内容。

爨重农商常备兵

公元 280 年"王濬楼船下益州，金陵王气黯然收"，西晋统一了全国，但中原王朝的暂时安宁很快被"八王之乱"击得粉碎。烽烟四起、战云弥漫，云贵地区在爨氏的统治下，对中原采取了尊而不敬的政策，利用山川要塞之险，封关闭岭以求自保，使云贵地区成为战乱时代的一处静土。后人以诗咏之"中原干戈乱纷纷，南中笙歌祝太平"。

公元320年爨氏在昆川（今晋宁）称王，爨氏以武力开基，以"从夷化俗"的政策来笼络当地民族，在经济上重农耕，发展手工业，重视商业发展，形成了"邑落相望、牛马被野"的经济繁荣景象。

爨氏政权始终拥有"震慑群蛮，抚绥四境"的强大武装。爨氏以联姻方式笼络将领，以选拔劲卒悍兵作为挑选下级军官的手段。"兵求精、将求和"，形成了上下一心、拥戴爨氏的武士集团，且爨氏在选兵上不分汉夷，量才使用。呷黑是彝族的一个小首领，在祭鬼仪式上刀牌使用出众，连败数十人。其武勇出众，被爨氏中最出色的统治者爨龙颜看中，当即

"妻以族女,以骨肉之恩结之"。他为爨龙颜训练了一支 2000 余人的刀牌军,在平定獠子蛮时,"一呼众诺,奔涌直前",獠子蛮竟不战而降。

爨氏重视彝族"喜斗忘死"的强悍民风,为了笼络彝族人,接受彝族的巫鬼教,过彝族的火把节,并学习彝族语言以便能指挥彝族武士。彝族武术与中原传入的武术融合起来,成为爨氏政权军队武术的主流。李京《云南志略》说:"罗罗,亦乌蛮也。男子椎髻,摘去须髯,或攀其发,左右佩刀,喜斗好杀。……多养义士,名直可,厚养之,遇战斗,视死如归。善造坚甲利刀,有值数十马者。枪劲导,置毒矢击,沾血立死。"乌蛮即是彝族。

爨氏从彝族武士中取得大量兵源,利用彝族原有的武术略作训练即可成军。在爨氏军队中用刀者甚众,其特点是一手执彝族短体插刀,一手执盾牌。刀为曲刃短刀,有刀柄及铅花银制刀鞘。刃背向外曲凸,刃锋居于内面,而刃尖稍向外再度曲凸,柄与刃均同一曲度。刀形精美优质,极为犀利尖锐。彝刀的起源,无明确的文字记载。彝族史诗《勒俄特依》、彝族神话《长刀》、彝族典籍《物种起源》等,都有彝刀起源的传说。传说中,彝刀是远古时期彝族英雄阿尔师傅,利用从天上掉下来的陨铁打造的。据《越嶲厅全志·夷俗志》载,彝族"佩长刀,生子时即以铁三四十斤入火烧锤炼,一年数炼,炼至十五六岁时,铁止七八斤,造为长刀,镶以金银把,锋芒甚利。"盾牌与中原不同,不是用金属或牛皮制成,而是用山中青藤编就,后装手柄,可扣于肩上,取其轻、韧、坚的特性。另外,彝族武士在远距离作战时,一用弓矢,二用绳标。绳标即长绳前系以匕首形尖刀,长约 3 米。绳标以缠、抛、抢、扫为主,要求收放自如、软中见硬、力点准确。

爨氏政权以一支多民族组合的武装捍卫了西南地区的安宁,为西南地区的厚积薄发积聚了力量。

「彝族武士装备」

刀光剑影南诏兴

> 传说皮逻阁为了攻灭其他五诏,他在松明楼设宴祭祖,放火烧死其他五诏的诏主。火烧松明楼这一天,就是农历的六月二十五,成为彝族最重要的节日"火把节"。有人说"松明楼上一把火,赢来南诏千秋业"。传说毕竟是传说,彝族的火把节并非起源于松明楼事件。

在吞并五诏后,皮逻阁建都于太和城,建立了巩固的根据地,形成了"以山为壁,以水为壕,内高外下,仰攻甚难"的地理形势。凭借优越的地理形势,皮逻阁及其继位者阁罗凤至异牟寻长期与强大的唐朝和吐蕃周旋,并在对外战争中创造了独特的兵制。

南诏规定所有丁壮都有服兵役的义务,武器装备自备,"壮者皆为战卒,有马为骑军"。南诏军队的数额并不固定,根据战争的需要随时增减,《蛮书》说"通计南诏兵数三万"。大历十四年(公元779年)异牟寻与吐蕃合兵攻唐朝西川边境一战却出动大军20万,咸通四年(公元863年)南诏进兵安南都护府时兵力达10万之多,可见南诏兵员数额变化之大。

南诏在军队训练上有以下特色:其一,重视个人作战能力,包括游泳、武术、奔跑等科目的武校。樊绰《蛮书》载:"步卒须为五次上。玷苍山顶立旗,先上到旗下为一次上;驀一丈三尺坑过为一次上;急流水上浮二千尺为一次上;……负一石五斗米四十里为一次上。""凡试马军,须五次上。射中片板为一次上;中双庶子为一次上。""凡试马军,……四十步外走马虎颇柱中斗子为一次上;……步卒……弄剑为一次上。""望苴子蛮,……其人勇捷,善于马上用枪。所乘马不用鞍。跣足衣短甲,才蔽胸腹而已。股膝皆露。兜鍪上插牦牛尾,驰突若飞。其妇人亦如此。南诏及诸城镇大将出兵,则望苴子为前驱。"只要有能力,男女不拒,难怪有"中原木兰何足奇,蛮女驰骋景色异"的诗句。其二,重视队列训练。《蛮书》载:"布阵罗苴子在前,以次弓手排下,以此马军三十骑为队。以此次第,定为常制。临行交错为犯令。"这种队列是以实战为基础制订的,有利于胜而不拥,败而不乱。其三,南诏国藏兵于民,要求百姓自备武器,在训练前要进行武器检查,武器不合格者要被定罪。这就促使士兵重视个人武器,从而促进了南诏的武器制造水平的提高。

这样的训练制度提升了南诏士兵的单兵作战能力、集体配合能力,游泳、负重等科目的考核使南诏士兵适宜于本土作战。在这样制度化的军事训练下,南诏习武之风遍于村寨,不分男女。这就形成了南诏足以割据一方达数百年之久的强大国力。

崇武并尊儒道释

金庸以武侠小说名世,像法国作家大仲马一样,将历史作为他挂故事的钉子,往往将其武侠故事依托于历史背景之中,亦真亦假、亦幻亦奇。他在《天龙八部》中写了大理国的保定帝段正明及其弟段正淳,正淳子段誉,证之以大理国史,此三人确有,而且均喜好武术。至于《天龙八部》中所述故事,则不过是金庸借历史的酒杯吸引读者的眼球。

大理国以佛教为国教,却从不排斥儒家学说,巧妙地将佛教学说、儒家学说和当地的民俗信仰结合在一起,显示出博大包容的胸怀和气度,而且也不像中原的两宋王朝重文轻武,这就为武术的传播和发展扫除了障碍。何况大理国的君主们自己也习武,甚至在退位出家后还要训练武僧。《大理古佚书钞》载:"至大理国立,三月十五至月尾为观音市。寺僧同时集于崇圣寺,作水陆大法会。是月,崇圣寺、无为寺、罗荃寺、华藏寺四大住持,于观音市法坛讲经论法,多答辩。强者赐以金线袈裟,于十五日称法播。十六日起为武坛打擂,擂主

「南诏宝剑」

为头年武擂之魁。打擂者，上至皇室子弟、僧侣，下至庶民。宋室逃亡三迤，皆可争夺，胜者为主。擂期三日，擂台每年取士六人，授以武职，用于军。"佛法只讲一天，比武打擂要进行三天，可见大理国对武术的重视。

> 大理国对皇家子弟在武术上也有要求，《段氏传灯录》载："按制，皇族直系，六岁习文武，十岁善骑射，十三演阵操兵，十五文能诗词牍文，武能带兵打战。"这样才能继承帝位。有了这样的家规，大理国段氏皇族习武者甚众。

"秉义崇武，尚刀剑，于无为寺龙苑南，辟崇武堂，编罗汉兵八百，皆受比丘戒。"出家修佛尚且不忘习武，真可称为"武痴"。秉义帝之孙段正明（保定帝）"文采超群，武艺刀剑超群。""正明出家分金一库，每外出必由随身沙弥以二十骡马满载金银。中原虽多盗匪，而大理国逍遥和尚手下随行皆一以抵十强，知者皆让之。"能携重金让中原群盗不敢抢夺，这位皇帝和尚和他的随身沙弥武功也够高强了。保定帝之弟段正淳"长而勤学精武……十七大考文擢第一，武试居第三。"是个文武全才。段正淳之子段誉"幼喜刀戈"，在位39年，多次遭到刺杀，都凭借自己的武功擒获刺客，可见武功不凡。不仅皇帝被要求习武，宫廷后妃和宫女也被要求习武。"又有女儿剑，为历代南诏段氏宫廷后妃、公主用剑。剑长一尺六，宽两指，曰'女儿剑'，制功极精，'女儿剑'一剑值千金。"皇帝经常与后宫女子击剑为乐。大理国另一位皇帝段正兴"幼善武，喜击技。立位后，亲率兵平诸叛，有'飞骑军'之称。"君主喜好武术，臣子岂敢落后。在《天龙八部》中写到的高升泰之父高智升就是保定帝麾下的勇将。"高智升幼贫，为御前随军。智升身高九尺，力能扳牛斗而双分之，臂力国中第一。精枪法，善骑射，智慧超群。家传铁鞭为陨铁打就，重百斤，后传升泰，世称高家鞭。"高升泰就是在《天龙八部》中写到以长笛击败南海鳄神的那位将军。

大理国对宋朝逃亡至大理的习武之人非常优待，只要能在与大理国武士比试中取得胜利,就能轻易地取得一定俸禄。这样宋朝不少习武者在避祸时就投向大理,这对大理武术的发展起到促进作用。

武士护商在昆明

公元1276年元世祖忽必烈接受了既能身先士卒、攻城略地,又能抚绥地方、治民理财的赛典赤的建议,在云南实行军民分治,设云南为元朝的行省。

赛典赤在云南行省设78处驿站(马站74处,水站4处),形成了以昆明为中心的辐射状交通体系。赛典赤"屯田以安民,为市井以通贸易,薄征税以广行商"。昆明成为交通中心、政治中心,同时也成为商品集散中心。

商品运至昆明或从昆明转运至各地,免不了要经过一些未经开化之地,或匪徒聚集之地。为保障商旅安全,除依靠驿站驻军和地方驻军外,昆明出现了职业的护商武士。《滇中纪事》载"商贾行前数日,即于回回营募集护商壮丁,予以订银,立生死关书。择日共行,壮丁自携兵刃。或数十日一行,或期月得返。"这是不挂镖局招牌的保镖队,所谓"以生死搏钱财"之人。元代云南商谚云:"回回同行,有惊无险"。

不少回族人开起了镖局和马帮。文献中记载云南民间的马帮活动至少始于元代驿站网络的普遍建立之时。历史上的云南马帮以回族、汉族、白族、彝族和藏族五个民族的马帮为主,尤以回族马帮的规模最大,其经营活动的范围最广、资金最雄厚、持续时间最长、社会影响最大。许多回族马帮都由掌班锅头出资配备有精良的武器装备,以便自卫。

为了保守自己的商业机密,回族马帮利用阿拉伯语、波斯语和通用汉语,结合马帮商队的实际需要,创制了两套重要的商业暗语。一是商贸往来中讨价还价时用于内部互通底细的数词暗语:如对基本数词一、二、三、四、五、六、七、八、九、十,分别表达为"柒、假、银、吊、拐、闹、柴、盘、坎、祥",根据具体场合要表示一定数量单位，只用附加上相应的量词即可。二是利用汉字的发音由声母韵母两个"音素"组合而成的特点，创制了一套成为"漏八分"的话语系统。

云南回族作为云贵高原族群加盟较晚（始于元代）的成员，快速地融入到云南多民族的社会中。利用自身优势，吸取其他民族的长处，适应历史发展的趋势。在元朝灭亡、明朝建立的历史阶段，迅速抖落精神上的桎梏，成为活跃在明清两代的商品传播者，依托其武术成为工商业保护者，并在其他领域也有所建树。

军屯武术家传真

明军征滇，共发 30 万大军，除少数随傅友德、蓝玉回京外，大部分留在云南。这是明政府针对土著容易形成割据势力、民族成分复杂，易引发族群斗殴的具体情况而制定的稳定地方、维持安定的政策。沐英忠实地执行了这一政策，在云南设立了大量的卫、所、营、屯、堡进行戍兵屯田。军人成为双重职业者，"执枪矛以靖地方，荷锄铲而营桑麻"。为了让这些军人安心于此地，沐英经明太祖批准，允许屯田者携带家属，后发展到允许未婚军人在当地娶亲，但不得脱军籍。

明朝士兵除少数来自无业游民外，大部分来自农民，能够重归田园对他们未尝不是一件幸事，大都安心于此。立业成家之后，因未脱军籍，只能教后代习武以便子承父业。沐英对屯田之兵每年两操，考校武术。沐英之子沐春未直接考校，将考校之责任加于卫所官员身上，每年对卫所官员进行一次考校，《徐霞客游记》中载"滇省戍军之考校甚严"。正因为这样的考校，终有明一朝云南除监矿太监及其僚属引起的矿丁暴乱外，一向宴然。

由于屯田士兵各按所司职务操练不同兵器，因此士兵们传授给后代的也是自己熟悉的兵器，久而久之形成了家传武术。如云南永昌卫士兵周壮雄素习单刀，经其子周世原、其孙周宏通三代习练，竟成为有名的"黑虎"刀法。明亡后，周氏后人周广宗携其艺投吴三桂，被吴三桂任命为佐领，负责高启隆总兵营中的训练之事。后周广宗见吴三桂杀害云南巡抚朱国治，"潜逃至蛮寨，五年后还至昆明，觅其妻子不得，遂于崇圣寺出家"。数年后，因其子寻至，还俗，父子二人在昆明以行镖为生。类似于周壮雄这样形成门派武术的，屯垦士兵中还有李志昆、郎士龙等。李志昆以棒术闻名，郎士龙则以轻功闻名，在清朝均有传人。

"术业有专攻"，武术家专心致力于某一项技能，加上数代之积累，在这一项技能上当然有所突破。云南现代武术家沙国政，从来重视云南由屯兵们流传下来的武术，他认为"操一业而精一业，良可敬也"。

缅刀傣拳遗远韵

傣族在云南以能歌善舞著名，人们在欣赏傣族的孔雀舞时，很难想到傣族有个以孔雀命名的拳种。孔雀拳有八抓、九展翅、二十四啄、五甩尾等招式，表演起来舒缓与迅猛结合，有舞蹈之美，也有搏击之威。这只是傣家人拳术的一种。

傣族武术源远流长，汉初就初具雏形，唐代南诏立国时已成系列，明代则已名扬中原。武术在西双版纳的傣语中叫"芬整"，在德宏自治州的傣语中称为"戛拳"。傣族武术有四个流派：一是以拳术为主的本地派，二是以棍棒为主的汉族传来派，三是以长刀为主的缅甸传来派，四是以短刀为主的泰国传来派，总共有130多套武术。用傣语来说，傣族武术有来晃（棍术）、来母（拳术）、来腊（刀术）、来腊留（单刀）、来腊来（双刀）、来铁喜（暗器术）等。傣族武术的特点为突快突慢、节奏多变；刚柔相济、柔中带刚；手动步移、上下协调；判断准确、击敌空门。

> 在傣族地区男人有三件事：第一件是文身避邪，第二件是为僧学文，第三件是习武强身。傣族男人如没有完成这三件事是很难娶妻的。

傣族武术是保存得比较完整的民族武术，其拳种有三坑式、四坑式、五坑式、六坑式、十二坑式、四门拳、美人拳、木桩拳、虎拳、猫拳、打狗拳、孔雀拳、象牙拳、卧式翻桩拳、二十五掌梅花拳等,其中虎拳、猫拳、打狗拳、孔雀拳,均为模仿动物动作创制的套路动作。器械有单刀、双刀、三把刀、四把刀、贯线式、象牙刀、傣族大刀、匕首、长棒、两节棍、三节棍、铁铣、铁齿、铜夹等。

傣族村寨一般都有自己的武术教头,由武功高强者担任。如果教头突然去世,则聘请邻近同族村寨的教头,故而傣族武术在内部交流极广,传承者亦众,这大约是傣族武术保存比较完整的原因。

> 武侠小说中,多次提到的缅刀并非缅甸人所制,制刀者乃是阿昌人。主要是云南省德宏傣族景颇族自治州陇川县西北部的户撒乡的阿昌族人,集中在潘乐、户早、隆光、相姐、明社、曼炳6个村。

据史料记载,明洪武年间,沐英西征时曾留下一部分军队驻守户撒屯垦,他们将打制刀具的技术传给了阿昌同胞,至今已有600多年历史。阿昌族打制的刀具"炼极精纯,柔可绕指,剁铁如泥",用木、皮、银等材料配制的刀鞘也极为精美。阿昌族人不仅擅长打刀,也非常爱刀。每家至少有把长刀。青年男子结婚时,总是要身背长刀,方显得英姿勃勃。这种风俗一直延续至今。第一次世界大战期间,英军曾在缅甸组建过一支景颇族军队,每个战士配备一把式样特别的战刀,叫做"戈勒卡",此刀即出自户撒阿昌族名师之手。1990年,户撒刀制作名师用独特的工艺锻造了象征民族腾飞的"九龙"指挥刀,它作为中国人民解放军三军仪仗队的指挥刀,护卫着庄严的国旗,迎来祖国的每个晨曦。

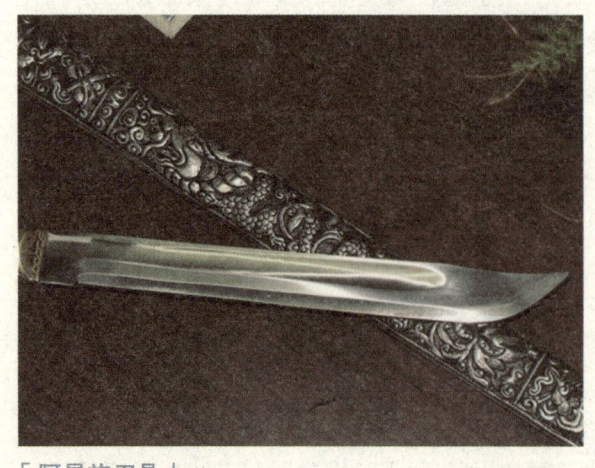
「阿昌族刀具」

承华圃中胜洋人

1914年秋天,一位长相凶横、个头高大、白皮肤、蓝眼睛,满脸络腮胡自称为"法国大力士"的法国拳师来到昆明。晋谒云南都督唐继尧时,他请求在云南陆军讲武堂摆擂三天,立誓说:三天之内,如果谁把他打败了,他便立刻离开昆明。唐继尧同意了他的要求。法国拳师于是在讲武堂的跑马场指挥台上摆起了擂台,扯起了写满"豪言壮语"的彩旗。滇军中武术师们、讲武堂学员中爱好武术的小伙子们,以及流浪江湖的好汉们,先后登台与法国拳师较量。头两天法国拳师获得了全胜。直到第三天下午太阳已偏西,法国拳师以为胜券在握,不料一位中等身材的小伙子轻轻跳上擂台,随手脱下军装,露出白衬衣,下着草绿色长裤,脚上是一双普普通通的草鞋。

小伙赤身短裤,消除了法国拳师害怕他藏有暗器的疑惑,以左右两腿的连环进攻和一招"和尚撞钟",低着头,连人带拳,一齐向法国拳师的腹部撞了过去。拳师当即被撞翻在地,过了两三分钟才慢慢地翻身起来。"哗",一阵阵掌声。小伙子却不好意思,一溜烟地从人群中消失了。这位战胜法国拳师的小伙子名叫龙云,彝族人,早年念过几年私塾,后来弃文学武,喜欢打抱不平。19岁龙云一人在夜里单身闯进在金沙江顺江设卡、以收税为名公开抢劫、有800多人队伍的"顺江王"老巢,将其解决了。27岁时,龙云与好友邹若衡、卢汉在四川加入了魏焕章的反清部队。

龙云打败法国拳师的壮举为当时云南督军唐继尧知道后,平步青云,被唐继尧提升为侍从副官,因作战勇敢一直升任为国民革命军第三十八军军长。1928年被国民政府任命为云南省政府主席,抗战期间龙云组织了滇缅公路的修建,为巩固大后方做出了有益的贡献。龙云保护、支持共产党和民主人士在云南开展活动,严禁国民党特务抓人,使昆明成为"民主堡垒",更让蒋介石寝食难安。1945年10月3日,根据蒋介石的指令,杜聿明指挥中央军包围昆明城,解除了龙云的警卫部队和滇军守城地方的武装,并传达蒋介石命令,免去龙云军事委员会昆明行辕主任、云南省政府主席及所兼各职,调任军事参议院上将院长,史称"十·三事件"。至此龙云实际上已被蒋介石软禁，在软禁中，龙云丝毫不惧蒋介石的淫威，经常与中共、民主人士和滇军老部下秘密联系策动反蒋，并在旧政协开会前，资助民盟经费2000万法币（当时值黄金200两）。后来，潘朔端、曾泽生起义和张冲投向共产党，都与他们的老长官龙云不无关系。1948年12月8日，被蒋软禁了整整三年的龙云终于脱离牢笼，搭乘陈纳德的一架商业飞机从南京经上海飞赴广州，随即远走香港。他在香港加入了中国国民党革命委员会，成为民革中央负责人之一。龙云从拥蒋到反蒋到积极投身于新中国建设事业的一生，充满了传奇色彩。龙云不太喜欢谈自己的往事，但只要谈到承华圃打擂，他就兴趣盎然、眉飞色舞，直到1954年，他还"边讲边比划给大家看，个子虽不甚高，壮健胜过常人，七十高龄仍纵跳如猿。"看来以中国武术战胜法国拳师是龙云一辈子的骄傲。

邹氏创拳御侵凌

> "邹家拳"是云南昭通人邹若衡所创，20世纪七八十年代主要流转于云南昆明市，早些年在云南通海也流传此拳。"邹家拳"短小精干，拳路十分刚猛，手里藏腿，腿法隐蔽，十分阴辣，手法以挂、登、插、宰、撩、勾、摆、提、扣为主，攻击时加上肘法、膝法，得势不饶人。"邹家拳"以实战击技为主，学习拳法中，师兄弟们多以"合手"来训练拳法中的招式。

邹若衡，原名邹世炯，1883年生，昭通炎山锌厂沟人。自幼天资聪颖，勤奋好学，喜好拳脚棍棒。后得太平天国翼王石达开麾下部将万振坤（化名张彪）传授南少林拳，并学习了南宗扁挂门。数年之后，他又拜在河北沧州人李志英门下，学习自然门。学习过程中，邹若衡将自然门中的长拳长腿，融合到了扁挂拳中，将南宗拳种出腿隐蔽而速度快、敌人不易发觉的优点，与自然门中放长攻击的强大杀伤力结合改良。学成后初为云南都督唐继尧之护卫，后为蔡锷的警卫副官。在围攻泸州时受挫退守纳溪棉花坡，局势逆转，北洋军的兵力超过护国军数十倍，护国军的"进攻战"变为"保卫战"。

战事最激烈的时候，子弹从身边呼啸而过，危急关头，他将蔡将军按在身下，不让起身。蔡锷大喊："邹副官，快放开我！"邹若衡不理，誓死保卫蔡锷安全。在这一战中他因负伤被迫脱离军队。军队中熟悉的人谈起他来总说"侠肝义胆，一往无前，不惜以血肉之躯保卫蔡（锷）总司令的生命安全，与总司令情同手足，亲如兄弟，深受器重。"

邹若衡军旅生涯结束后寓居昆明，以所学武术为基，以自己实战心得和多年对武术的领悟作经纬，自创新套路，20世纪60年代开始将所创武术传授子孙后辈。因其所编套路独具特色，人们习称"邹家拳"。"邹家拳"共分为十路套拳：虎尾鞭、双狮解带、三虎擒羊、四门反卦、铁闸五封、六合连环、七星赶月、八步缠丝、九门铁闸、十面埋伏。其特点为静如山岳，动如闪电。拳势稳健凶猛，杀伤力大。邹若衡自创新套路的目的是为了抵御外来侵略，他耳闻目睹了国弱受外国欺凌的状况，希望能通过武术来强健民众之体质，振奋民众之灵魂。邹若衡非常重视武德，告诫弟子们说"习武者，不是单纯学练武术，首先学做人，做一个堂堂正正的人，做一个于国于民有用的人。"

"邹家拳"是云南武术的土著拳种，具有地方原创性、独创性，影响深远的特点，《武林》杂志和中国武术网站上，将"邹家拳"列为传世武功以及南拳的一种。近年来"邹家拳"在云南的传播有上升之势，仅臧尔荣创办的"昭通武术馆"目前已培训的学生达500余人。看来真正传承民族优秀文化的遗产其价值永不会消失。

传艺云南德艺馨

沙国政是山东荣成县石岛镇北沟村人，6岁即开始扎马弄拳；13岁从师姜华亨习武，后拜师于刘光兴、王者政门下。23岁在天津拜师于武术名家翟树珍。翟树珍没有门户之见，同意他转拜姜容樵门下学习形意拳、八卦掌。在从姜容樵习武之后，沙国政在天津租界看见外国水兵欺凌中国妇女，出手相救。这一义举使他被迫远离天津，到朝鲜仁川，投靠在朝鲜

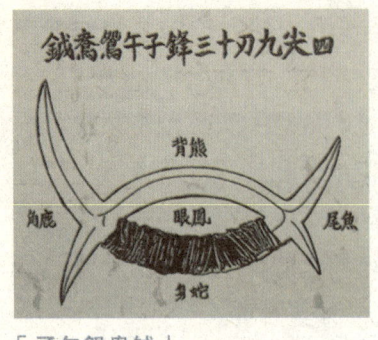

「子午鸳鸯钺」

教拳的恩师王者政。日本人在朝鲜为所欲为,华人住宅常受日本浪人洗劫。沙国政及其师组织了20余人的自卫队,分班巡逻。经过多次与日本浪人的搏斗,日本当局暗杀了王者政。沙国政只得秘密离开朝鲜,返回中国。在大连,他拜通背拳名家修剑痴为师,之后以武会友,闯荡江湖,足迹遍布大江南北。

新中国成立后,他被任命为云南省武术队第一任教练,直至1985年退居二线。他从事武术教学数十年,因材施教、严格训练。国内外弟子、学生众多,其中不少是优秀武术运动员,并在各级赛事中获得佳绩。辅导武术培训班和业余爱好者近万人次,为培养武术人才、推广普及武术活动作出了重要贡献。沙国政倾全心于武术事业上,不仅为武术育人,更为武术的发展殚精竭虑。他常说:"要敢于创新,敢于革新。""艺无止境,不要抱残守缺。"他创编的"形意拳散手炮""形意大连环",综合了五行拳、十二形、连环、八式、杂式捶、十二洪捶、三手炮、五花炮、安身炮、九套环、出入洞的精华;"太极拳对练"吸收了陈、杨、吴、孙的各式技法;他创编的《健身益气法》,是他从通背拳、太极拳、行功、童子功等拳种、功法中精选提炼而成。他虚心好学。一次他在带队出外比赛时,向一位年仅12岁的小孩学习鸭拳,引来旁人不解,他笑着回答:"活到老学到老,艺无止境。"

沙国政不仅武学精湛,而且医术高超。几十年间,他一面传拳授艺,一面免费为很多骨伤科病人治疗。数以千计的病人得到他的治疗,他却从未收过一分钱。在他的家中,时常会收到来自全国各地的求医问药信,凡能医治的,他必亲自回信寄药;凡不属于骨伤科的,他也必回信说明。在他退居二线后,亲友曾为他办了一个医疗执照,直至他去世,那本发票一张也没动过。他说:"我一辈子免费医疗,现在也不能收钱。"技艺上的一丝不苟,生活中的俭朴律己,成为他的一贯作风。崇德尚武,这是他一生的座右铭。

巴蜀武林辟蹊径

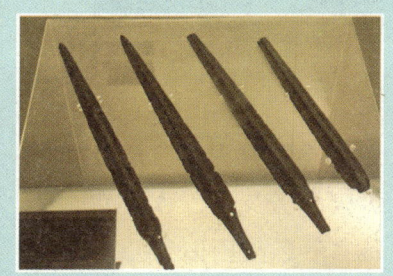

　　四川是峨眉武术的发祥地，也是移民武术的汇集地。
　　四川武术历史悠久，源远流长，拳种浩繁，流派甚多，人才济济，高手辈出。峨眉武术一向与少林、武当并称中华武术三大流派。尽管交通闭塞，山水阻隔无法挡住历史的风云，秦通巴蜀，汉兴岷江，刘备割据，李雄称王，谯氏偏安于成都，桓温西进自荆襄，王孟建前后蜀，宋祖玉斧划界大渡河旁，明氏立红巾军，洪武封朱姓王，张献忠挥兵入川，秦良玉老而弥强，康熙湖广填四川，乾隆安藏通川康，保路运动逼走川督赵尔丰，护国风云断送老袁"二陈汤"……
　　武者因时而动，风云际会豪气扬，武术得人而昌，"一花五叶"自辉煌。

凭险立国求自强

巴蜀乃四塞之地,西北有剑阁之险,西南有玉龙雪山之屏障,东北有大巴山之封锁,东南有武陵山、齐云山之藩篱,长江通道又有三峡之险,区域之内仅成都平原无山高坡陡之患。如此地势自然利于屏险自顾,巴蜀武术从产生起,就深受地理因素的影响。

春秋战国时期,司徒玄空,号动灵子,耕食于山中,在与峨眉灵猴朝夕相处中,模仿猿猴动作,创编了一套攻守灵活的"峨眉通臂拳",学徒甚多。因为司徒玄空常着白衣,被徒众尊称为"白猿祖师"。《中国武术史》记作"战国白猿,姓白名士口,字衣三,号动灵子"。1989年四川科技出版社《四川武术大全》称"春秋战国白猿公,字衣三,即峨眉山的司徒玄空"。2001年版《乐山志》载"白衣三,相传战国时仿山猿动作创编峨眉通臂拳,攻防灵活,在峨眉山授徒甚众。"

凡练峨眉派拳术必须带着深厚的攻防搏击意识(即带有强烈的敌情观念),做到与假设之敌进行模拟拼搏,精神高度集中,神思敏捷,身灵步活,拳脚生风,击法变换于瞬间,做到"有形打形,无形打影。"

「白猿通背拳」

峨眉派拳术技艺的深厚意识,是拳师们在长期的习武实践中产生的,是拳师们大脑这种高级组织的特殊物质的机能,练峨眉派拳术技艺十分强调胆壮、气足、力雄、法准、机巧。还独具有手法细密、一法多变、掌指兼用、身灵步活、拳脚生风、刚柔相济、内外兼修等特点。这些特点,就是峨眉派拳术技艺的特殊属性。

在峨眉派拳术技艺的发展过程中，拳师们不断地吸取各技艺流派技击精华，充分发挥四川人机智灵巧、顽强勇斗精神，打法有偏侧滚进、单边攻防、以巧制化、以小制大等特点。

据隘封山自称王

"尔来四万八千岁，不与秦塞通人烟。……地崩山摧壮士死，然后天梯石栈相勾连。"传说毕竟是传说，蜀地统治者有向汉中拓展之心，在悬崖峭壁上修起栈道，孰知为秦军入蜀创造了条件。"秦大夫张仪、司马错、都尉墨等从石牛道伐蜀。蜀王自于葭萌拒之，败绩。王遁走，至武阳，为秦军所害。其相、傅及太子退至逢乡，死于白鹿山，开明氏遂亡。凡王蜀十二世。冬十月，蜀平，司马错等因取苴与巴。"秦兵入蜀，很快将蜀地列为州郡，先后以秦人治之，秦国尚武之风进入蜀地，蜀民不乐于秦国之制思念故国，虽无大的叛乱，但山村野寨凭险而守、拥兵自固，将秦兵的列阵而战之术与蜀地已流传的峨眉武术相结合，对抗秦朝官吏。尽管结局都是被秦兵挫败，但蜀地的军事武术得到了发展。

每逢中原战乱，蜀地往往形成割据之国。刘邦、公孙述、刘焉父子、刘备父子，直至西晋李特父子，东晋谯氏，五代王健父子、孟知祥父子，都利用山川之险、蜀地之富、蜀民之悍勇称王称帝，使蜀中战乱少于中原。直至宋太祖玉斧划界，王全斌率宋军灭掉后蜀。王全斌纵兵大肆掳掠，给四川农民带来了极大的灾难。宋王朝把后蜀府库里存放的金、银、珠宝、铜币之类的"重货"和绢帛布匹等"轻货"运往京城开封，号称"日进纲"。为此，强征了大量民夫，水陆兼运，花了十几年的时间才运完。蜀民苦宋，在宋太宗淳化四年（公元993年）王小波发动起义，至淳化五年（公元994年）义军占领了东至巫峡，北抵剑门的大片土地。宋太宗在公元996年才彻底平息了这次起义，并根据"民家习武多被奸邪所诱而倡乱"的教训，"诏川峡诸州民家先藏兵器者，限百日悉送官，匿不以闻者斩"，想消除民间习武而倡乱的根源。但在远离州府的荒村、山野，百姓们习武依旧，蜀地武术依然得到传承。王安石变法后，"保甲法"的推行又使蜀地武术之风复燃。幸亏有这一措施，使得在北宋灭亡后，吴璘、吴玠在川、陕抵抗金兵能以蜀中兵源补充自己的军队，为南宋小朝廷保住了西北屏障。到蒙古兵大举进攻南宋时，四川成为战略要地发挥了巨大作用。

上帝折鞭看王郎

公元1258年，蒙哥发动三路大军进攻南宋，并亲率元军主力力攻四川，其弟忽必烈率中路攻取武汉，塔察尔率东路军攻取荆山，另命兀良合台从云南包抄过来，打长沙，计划各路会师武汉，顺流东取南宋京都临安（今杭州）。这个军事计划成败的关键在于蒙哥的攻打四川。开始，蒙哥很顺利地攻占了广元，顺嘉陵江而下势如破竹，钓鱼城守将王坚杀死招降使臣晋国宝，拼死守城。在外城被攻破后，凭借内城继续坚守，并用飞石砸死元大将汪德臣。

汪德臣的死激怒了蒙哥，但就是这一怒，使蒙哥送掉了自己的性命。

蒙哥之死有以下说法：

南宋诗人刘克庄在《蜀捷》中有"吠南初谓予堪侮，折北俄闻彼不支，挞览果歼强弩下"的诗句，而大部分史籍都持"中矢说"。现存钓鱼城旧址的石碑碑文，也明确刻有蒙哥"中飞矢而死"的字迹。大部分史籍都持"中矢说"。现存钓鱼城旧址的石碑碑文，也明确刻有蒙哥"中飞矢而死"的字迹。另一种说法，是蒙哥得了疟疾而死。蒙军久战不下，又值酷暑季节，水土不服，军中暑热，疟疾霍乱流行，《元史》记载，蒙哥大汗6月也患上了病。拉施特的《史集》就非常明确地说蒙哥是得了疟疾，后不治而亡。第三种说法是蒙哥被炮风震倒，不久死去。清代《古今图书集成》中说蒙哥在架设望楼窥视钓鱼城时，遇到城内宋军的炮石轰击，伤重不治，"班师至愁军山，病甚，次过金剑山温汤峡而殁"。还有一种说法是蒙哥多次被王坚挫败于钓鱼城下，"败辱之至，以致愤死军中"。《海屯纪年》认为蒙哥是在攻打宋军时，乘坐的战船被宋军潜水者凿穿船底落水而死。

无论是哪种说法，总之，蒙哥在公元1259年7月宣布撤兵，不久死在军营，却是不争的事实。他死的消息秘密传到当时正在突破武汉长江天险的忽必烈那里，为了与其弟阿里不哥争夺汗位，忽必烈匆匆撤军北返。南宋王朝又得以苟延残喘。公元1276年，南宋皇帝向元朝屈膝求降，10个月后，重庆守将张珏打退包围重庆的五路蒙军时，才知道这个窝囊的消息。后来他在恶仗中被蒙军活捉，自杀殉国。

公元1279年钓鱼城守将王立，为了保存10万军民的性命而忍辱开城，为36年抗战守城的历史画上了悲壮凄美的句号。钓鱼城也以"独钓中原"的光辉留名史册。

如果不是钓鱼城保卫战的发生，我们很难将王坚、张珏这些南宋基层将领的名字和蒙古帝国的大汗联系到一起，只是因为他们和重庆军民的顽强抵抗，才让元朝和南宋的历史出现了拐点，甚至使世界历史也出现了拐点。钓鱼城，不仅让南宋多活了20年，还缓解了欧亚战祸，流产了蒙古劲旅对非洲的征服，所以欧洲人把这里称为"上帝折鞭"的地方。

王坚在守钓鱼城时，不仅得到了百姓的相助，而且有很多民间习武之人主动投军，舍身取义。至今合州城还流传有青城道士行刺蒙哥的悲壮故事。

一枝独秀白杆兵

在四川历史上秦良玉堪称奇女子，不仅在战争史上，也在民族史、武术史上留下浓墨重彩的一笔。

她以"饶胆智、善骑射、熟韬略、工词翰、仪度娴雅，而驭下严峻"著称于世。帮助其夫马千乘在石砫建立了一支"戎伍肃然"为远近所惮的白杆兵。马千乘接受秦良玉的建议，以白蜡木杆安上带钩枪头，尾部装上一斤多重的铁环作为主要兵器。在训练上吸取了杨家枪、沙家枪及少林棍法，以刺、挑、拨、钩、杵、扎、扫、劈为训练八法，形成了进则同进、退则互保的协同作战方法。每种技法均与跳跃、伏滚等身法结合，回避了步兵与骑兵作战不利之处。将民间武术与军事武术巧妙地结合在一起，使"白杆兵"具有超群的作战能力。

「白杆兵雕像」

从万历二十七年（公元1599年）起，至崇祯十七年（公元1644年），秦良玉在平定杨应龙叛变，抵抗后金兵入侵，平定奢崇明叛乱，平定"松潘叛乱"，抵抗张献忠、罗汝才对四川的骚扰等多次战斗中，均为捍卫地方安宁，保境安民做出了贡献。在破坏民族团结的杨应龙、奢崇明对她进行收买和拉拢时，能以国家统一为重，以正确的大局观率军为国家而战。在对后金（清）作战中，有勇有谋，屡打胜仗。遗憾的是昏君、庸君和计较个人得失的督司掣肘，致使秦良玉一腔忠愤报国无门。

崇祯十三年（公元1640年），杨嗣昌将张献忠、罗汝才逼进川中。老将张令不听秦良玉之劝，轻兵冒进，为张、罗联军所败。四川巡抚邵捷春茫然无策，又不接受秦良玉提出的军事建议，致使张献忠占领全川。秦良玉只得含恨退保石砫。石砫在明末兵荒马乱之际，能不被外兵侵入，所依赖的屏障是秦良玉和她率领的"白杆兵"。

在清军大举南侵，年已73岁的秦良玉，毅然接受隆武政权赐封太子太保、忠贞侯封号以及"太子太保总镇关防"官印，继续高举扶明抗清的旗帜，并积极准备率"白杆兵"出川作战。由于南明小朝廷矛盾重重，"白杆兵"出川未能成行。公元1648年，秦良玉因病重抱恨而终，享年75岁。真可谓"出师未捷身先死，长使英雄泪满襟"。

秦良玉一生戎马40余年，足迹遍及长城内外、大江南北、云贵高原、四川盆地。秦良玉是中国历史上唯一载入正史将相列传（非列女传）的巾帼英雄，唯一凭战功封侯的女将军，为数不多的文武双全女子。

秦良玉对武术的贡献是：自觉地将民间武术与军事武术结合起来；使汉族武术与少数民族武术进行了融合；制定了在军事训练中个人武术的考核标准，提高了将领们冲锋陷阵的作战能力。

一花五叶说峨眉

明清两代，政府为解决四川人口显著下降的的问题，大量移民四川，即历史上所谓的湖广填四川。从明洪武五年（公元 1372 年）至洪武十四年（公元 1381 年），四川人口由 84000 户增加到 214900 户。清初战乱后的四川在公元 1661 年，四川总人口数为 51923，仅占全口人口总数的 0.08%，可谓有土无人。经过大量移民后，到 1851 年达到 44752000 人，跃居全国第一。

> 移民不仅为四川经济恢复与发展带来了劳动力资源，也使四川文化与迁出地文化进行了交流与融合。作为受众最大的草根文化——武术，在历次移民活动地推动下迅速发展起来。据《四川武术大全》一书记载，四川诸多拳种流派的渊源起始于明清，以清代为主。很显然，明、清时代的大规模移民活动应当是其形成的原因之一。清代中后期四川武术出现了较多的武术流派，显示出巴蜀武术文化模式进入成熟时期。峨眉派成为四川武术的统称。

明代开始有峨眉派的记载，明代中叶人唐顺之（公元 1507—1560 年）的《荆川先生文集》里，有一首《峨眉道人拳歌》："忽然竖发一顿足，崖石迸裂惊沙走。来去星女掷灵梭，夭矫天魔翻翠袖。……翻身直指日车停，缩首斜钻针眼透。百折连腰尽无骨，一撒通身皆是手。……余奇未竟已收场，鼻息无声神气守。道人变化固不测，跳上蒲团如木偶。"真是"静如处子，动如脱兔"，倏忽神奇，变化万方，难怪要引起诗人的极大兴趣了。从明代起峨眉与少林、武当并称武术三大门派。少林尊佛，武当崇道，其武学典籍各依其所奉宗教进行解释，其武术招式也多有所奉宗教的意味。

峨眉派武术既有道家武术，也有佛门武功，其包容度极大。"一树开五花，五花八叶扶。""一树"指峨眉派，"五花"指峨眉派中的支派

——黄陵派、点易派、青城派、铁佛派、青牛派,"八叶"指僧、岳、赵、杜、洪、化、字、会八个门派。峨眉派可以说是通过广采博纳,以属地原有武术为基,结合外来武术形成的包容度极大的武术派别。很多峨眉派之外的武术招式都出现在峨眉派武术之中,但这种出现已不是原型照搬,而是融进了峨眉的拳意,有了峨眉武术的精神。

缠丝盘破广传扬

盘破门属于峨眉派中的僧门,资中县罗泉镇刘灜开创了"盘破门"武术门派。盘破门以南少林拳法为根基,融岳门脱化功夫、岳门小手、僧门小手、峨眉小手、北派倒肩腿等为一体,自成一派。

盘破门基础式分为高桩、中桩、低桩三种不同的习练桩式,练功要求、要领也各不相同。

传统的盘破门技法,多上肢动作,腿法较少,动作敏捷,劲力突出,小手多变,击腿低快,疾步疾行,抽脱谁隐,内外软硬兼施;步法以齐步、齐星步、齐步云脚等为主,腿法以正、侧、检为重;手法以盘、破、提、剑、侦、推、洗为主,讲究能乘能脱,争取主动,审时度势,善寻战机,机前抢先发手,机后善于补攻,神速急进,强攻红门,乘改胆怯,乘乱而击,宁输于前,不输于后,歌曰:"擒拿短打力占先,一朵禅云足下钻,挨肩封低抵撕扭,浮沉吞吐遍游天。力敌巧攻兼有,近战迂回并收。"

盘破门各师承门派都有歌诀、口诀传授、指导,便于学艺理解记忆,真可谓拳、法、诀齐备。实为历史发展中,上辈流传下来的不可多得的完整武术门派。

缠丝拳属峨眉派中的字门,缠丝拳的祖师有五种不同说法:

「盘破门功法演练」

其一，由江西人黄益川（黄一川、王一穿、王亿川）移民四川后传入。

其二，由缠门始祖为报父仇，挟重金扣请太极拳高师传技而成。由于在施教过程中常常提到缠丝法、缠丝劲之类术语，故该祖师技成出师之后即以"缠丝拳"为术名传流后世。

其三，武当松溪技由叶继美、单思南、王征南数传而至黄百家后，因其卷入白莲教反清活动案发而潜逃入川，易名益川而传技于巴渝，至今尚有其率徒杨为善刺杀清帝之说。

其四，缠门祖师王某，江西人，广学各派武技，通过比较取舍认为对螺旋缠丝劲法为用的拳法领悟最透，算是学懂了、学穿了的。因此自号"一穿"，游历川东时授此技与杨为善，名之为缠丝拳。且用"缠丝拳"之名始于杨为善。

其五，从传于荣昌蔡系的老拳谱来看，从蔡德泉、姚玉堂、何庆山、何武堂、杨为善、王一川，竟能追溯到全真教龙门派邱长春、王重阳、吕纯阳、王正阳以上，每人俱有详细的生卒日时，授受传袭典故记录在谱。

> 缠丝拳的动作包含曲伸、回环、平衡、跳跃、翻腾、跌扑等，"一动无有不动"。缠丝拳讲究调息行气和意念活动，对调节内环境的平衡，调养气血，改善人体机能，健体强身十分有益。根据缠丝拳拳谱，"缠"是用己身之柔敌对手之刚，顺对手之势锁拿对手关节，以巧破力，以横打直，收四两拨千斤之功，"不管对方弱与强，我自游走带四方。一巧能破千斤力，三绕一缠柔显刚。"

禅意道基在僧门

僧门流传于川西、川南一带，拳术套路有火龙拳、练步拳、大连环拳、虎豹拳、六通拳等，其中火龙拳为僧门的典型套路。

清代中叶，少林派大侠马朝柱刺杀嘉庆帝未成，作为被朝廷追捕的钦犯亡命四川，为躲避朝廷耳目，更名为百家姓之首姓赵，以卖麻布为生，人称赵麻布，开创僧门于新都，为僧门第一代掌门。赵麻布深得少林派之精髓，武功精绝，随地择徒授教。泥鳅、黄鳝、黎猴子、刘阙巴（四人真名已不可考）、觉登武、魏登云、侯仕福等，慕于赵麻布的威名武功，拜于其门下，遂立赵麻布派。僧门赵麻布派，乃集少林、峨眉两大派精华而成之名门嫡派。

「虎豹拳」

魏登云最得赵之真传，为僧门第二代掌门。他应用《易经》、太极八卦的哲理研究武学。自身修养与武技已达炉火纯青的高深境界，被当时朝廷封为"武圣"。

周腾蛟为魏登云单传弟子，为僧门第三代掌门。先从刘阙巴、觉登武学艺后，再到魏登云门下深造苦练，终得大成。周是三位老师精心培养的，武功深不可测。周旋赴武科考场，中进士出任边防，职为广东偏将。周出战皆用大刀，冲锋在前，时人呼为"周大刀"。晚年告老还乡，被四川总督礼聘为清军五营总察，专职考核军中教官武艺。周在四川各地的徒众计有上千人，著名者有侯坦、钟志安、杨先发、宋鹧山、幺蛮子、王镜屏等。

侯坦被周腾蛟收为义子，武艺尤为精绝，为僧门第四代掌门，周腾蛟聘请清朝思想家隐士吴桥子授侯坦玄门内丹，袁子凡授群经诸子，于是侯坦武艺及理论精进，过于其师，亦擅大名，后人称其"侯"。侯坦数战成名，名列当时四川武林"五龙二猴"（李飞龙、张永龙、陈柱龙、李云龙、李犹龙、侯坦、侯万里）之中。清代末期，侯坦与其师一起，倡导成立了武术组织达摩会。周腾蛟、吴蔚生任正、副会长，王镜屏任执法。每年达摩会，全国各地武林高手云集成都，以武会友，交流武技，研究武学，拜师收徒，场面精彩壮观，为四川及成都武术活动发展起到了推动作用，其功不可没。

> 火龙拳吸收了少林武术刚劲之风,吸收了武当武术养精蓄锐之气,融合了川中武术底架矮步、步法灵活之势,实战功能十分显著。

转益多师创练步

张之江创立的"中央国术馆"将练步拳列入馆内生源必修项目之一。这套拳法为清末四川武术名家刘崇俊所创。

刘崇俊自幼好武,从师数人,武功虽已臻上乘仍谦虚好学。成名后与师兄马镇江将甘肃武术大家马黑子迎至家中,拜师学艺。艺成后分任清军武术教官,并利用教官身份秘密参加反清活动。在保路运动中为保路同志会筹措子弹,并运出城外。

1911年,刘崇俊不愿意参加地方军阀争斗,以习武养身为乐事,先后与尹昌衡、马镇江、骆成骧组建"四川武士会"和"四川国术馆"。

刘崇俊武功全面,尤精技击,其身形魁伟而灵巧。武人中每有技艺高超者不服刘之盛名而求较技,多败于刘手,转而师之,故刘门徒甚广。刘谦恭无自满色,好学不倦。成都有拳师陈大章,武艺精湛。有人对他说:"刘崇俊功夫甚好,你何不拜其门下?"陈笑道:"刘习北拳及峨眉派,而我习三原派。他又不懂我的拳派,焉肯拜其为师?"刘崇俊闻之,大有"一事不知以为耻"之慨,遂发愤径赴陕西三原县,拜三原派高手"鹞子高山"为师学艺。刘本为武林大家,一点即通,不久即尽得三原武术奥蕴返川。刘复招晤陈大章,为其演练三原派功夫并谈其拳理。陈大为惊叹,由是敬重刘,转而师之。

刘崇俊为人正直,乐于助人。一日街邻失火,刘奋然提水桶、踊跃助救。登梯上瓦脊泼水时,火势虽减而木椽焚坍,刘从高屋跌下,右腿骨折。后经治疗仍略瘸,自此更练功不懈、精益求精。蜀中武人戏道"刘瘸子一腿虽稍短,而武艺反长了一截!"刘听之捻须大乐。

1929年,杭州举行首次国术国考,刘崇俊、杜心五、杨澄甫、吴鉴泉、孙禄堂、刘百川等29名国术名流皆为评判委员。刘崇俊亦在会上表演练步拳，功力精深，刚柔俱妙，深得行家好评。"中央国术馆"成立后练步拳被列为馆内生员必修项目之一。后国术名家吴志清将此拳整理成书流传全国，吴在序中赞刘之练步拳说："此拳传自川人武士会会长刘崇俊君。盖刘君久历秦陇河洛，探访名师益友，专研少林五拳及岳门短打。经30余年之旁搜博采，确认此拳为龙拳而无疑……余叹未曾前闻。见习一过，觉与他拳相异，且刚柔相济，无太过亦无不及。恰似黄庭初写，始信龙拳之神妙也！"

廪君投剑巴人尊

巴人尚武，其武风一直传承至今世之土家人。《华阳国志》中即有巴国的记载，廪君是巴人原始社会最早见之于典籍的部族首领。

《世本》中记述了廪君成为首领的故事：巴、樊、瞫、相、郑五姓联盟，通过"掷剑比武"和"驾舟比能"来决定首领。巴务相在两项比赛中均获胜，被立为五姓联盟的首领，号廪君。廪君以狩猎之民，作为军队的基础，除狩猎季节外，在闲暇时以习武为乐，使狩猎之民成为"奉号令知进退"的军队。并允许樊氏、瞫氏、相氏、郑氏四姓之臣有自己的私家军队，并允许四姓私家之军与自己的军队同场习练。廪君部落逐渐强大起来，沿着清江开始谋求发展。

清江，古称夷水，以盐池为中心的中上游也称盐水。廪君从五姓部落中挑选出数百人组成军事力量，从武落钟离山出发，沿清江而上，披荆斩棘，开疆扩土，同沿江两岸居民共同开发清江。廪君乘坐竹木伐，溯流而上，边捕鱼边前进。险滩处，把竹木伐拆卸，用人工抬运过滩，重新扎伐继续前进。文献记载廪君"开辟清江，有大禹之德"，他是开发清江的第一人。

廪君率部溯江西行抵达盐水下游。盐池古称盐阳，这里居住着一个强大的盐水神女部落。盐水神女控制着清江两岸唯一的食盐产地——盐池。盐水神女部落是个强大的部族，有鱼有盐，人多体壮。廪君到盐水会见首领神女，希望

「祭奠廪君」

实现统一。盐水神女见廪君英俊潇洒，年轻有为，愿同廪君共居。廪君不想守业为安，意图西进，但盐水女神以生命阻挠。于是廪君决定发动武装进攻。他们从夷水乘竹木伐过伴峡，向盐池发起攻击，神女率兵还击。两军大战盐池10余日，神女受重伤，廪君大获全胜，占领了盐池，用武力统一了盐水神女部落。

廪君用武力占领了盐池，但盐池民心尚未全部归顺。为了安抚神女部落，廪君率部撤离盐池，又乘竹木筏，退回到夷城。夷城前临清江，背靠大山，森林遍布，洞穴相连，是一夫当关，万夫莫开的要隘。既可捕鱼，又可狩猎。夷城离盐池不过20余里，不占领盐池但可直接控制食盐。廪君决定在夷城依山傍水处建立"首都"。巴务相称君，樊氏、瞫氏、相氏、郑氏四姓称臣，建立了古代巴国最早的雏形。廪君利用食盐外销的优势，从周边商贸之地购置青铜武器。僻在崇山峻岭之地的巴国，这时不仅开始了与中原地区的经济交往，也开始介入中原的军事事务。

前歌后舞数陷阵

《华阳国志》载"周武王伐纣，实得巴、蜀之师，著乎《尚书》。巴师勇锐，歌舞以凌殷人，前徒倒戈。故世称之曰'武王伐纣，前歌后舞'也。""巴师勇锐"表明了巴人尚武之风。"阆中有渝水，巴民多居水左右，天性劲勇，初为汉前锋，陷阵锐气喜舞。"

现代复原的巴人武舞中使用的兵器很古怪，有一头铁锤一头弯刀的

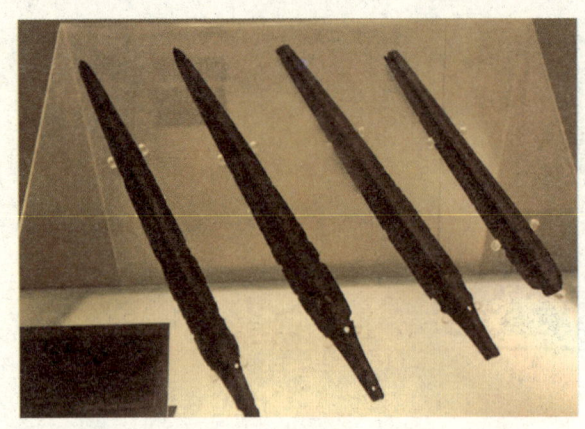

「巴人柳叶剑」

"日月杵",有"刀柄"在刀中间的"铁佛刀",有两面刀锋的"巴子刀",有像马鞭的"马杆"等。

巴人所使用的独特兵器是"柳叶剑"。巴人柳叶剑,普遍长度只在50~70厘米之间。巴人柳叶剑铸造技术的精良,已被专家们普遍认可。青铜专家对小田溪巴人青铜兵器的合金含量检测后发现,巴人青铜兵器之间合金比例非常一致,也与《考工记》记载的青铜配方比例相近。这表明当时的巴人工匠已能稳定掌握精确的合金技术。

巴剑远远短于秦剑和楚剑,有人说上古时代峡江山地荆棘密布,不利长兵器作战,因此巴人英勇剽悍,更善于近身肉搏。但这并不是巴人不追求兵器的长度的理由,战国巴人墓穴中,死者身边一般都随葬着两种以上的青铜兵器,这些兵器有剑、矛、钺、箭镞等,巴人与同时代的秦军楚人一样,都是剑矛并重,长短并用,为何单单其铸造青铜剑不追求兵器的长度?

巴剑握在手中,感觉长度非常理想,中脊和刃部有不同的合金比例及反差较大的厚薄比例,三棱体的剑体,高高隆起的剑脊直指剑锷,在两端形成深凹的血槽,是一种极富力学原理的构造,其使用重在刺杀,而不是如长剑那般劈杀为主(除了长度,无剑格也是区别巴剑与世界其他剑器的最显著特征。也进一步证明了巴式柳叶剑重在刺杀,而不是如长剑那般以劈杀格架为主要技击手段的剑器)。其精妙处在于刺杀的部位多取人之胸腹颈喉要害,利于一剑致命,且相对于劈杀来说,刺杀几乎无损剑身,对于从古至今以战斗为魂的巴人来说这在真正的战场上是至关重要的,唯真正拥有战场搏杀经验的人才懂得,长矛只是冲击敌方战阵的利器,永不受损的短剑才是杀戮的开始。因此巴人借助自身的英勇剽悍，真正精通近身肉搏中的搏杀之道，不追求剑身的长度和剑格等华而不实的剑器结构，更注重剑器的杀伤力。

已故原国务院三峡考古专家组组长、原中国历史博物馆馆长俞伟超教授说，"巴人是世界上惟一用战争书写整个历史的民族。"从殷商末年起，巴人已成为中原战争中不可忽视的军事力量。巴人为何参加这些战争，参战情况究竟如何，史料记载不详，但仅从周武王伐纣时巴人一边作战，一边慷慨高歌的雄浑气象，已足以证明巴人是在用歌声和舞蹈来统一作战艺术，舞武同源在这一史实中得到了最好的证明。

白虎賨人勇板楯

賨人，又称寅人，属巴人一支，春秋战国之前，主要生活地区在今达州市所辖渠县的土溪城坝（旧称宕渠县）。古书中记载，该民族勇猛彪悍，且善歌舞，在巴渠上古墓葬挖掘中出土了种类较多的青铜兵器也证明了该民族的勇猛并且擅长冶铸技术。《华阳国志》记载："宕渠盖为故寅国，今有寅城、卢城。"《舆地纪胜》卷162记："巴西宕渠，其人勇健好歌舞，邻山重叠，险比相次，古之賨国都也。"远在殷商时，商王就曾多次与巴人交战，周武王姬发也用巴人组成3000人的前锋——"虎贲"军。牧野之战，商纣王全军覆没。巴人战功载于《尚书》，賨人在灭秦兴汉的战争中再次建立功勋，沛县亭长刘邦率领一支强大的起义军同秦王朝的军队激战，勇猛善战的賨人常常充当刘邦军队的前锋。据《华阳国志》记载：賨人在阆中人范目统率下，手执牟弩、板楯（由于賨人常用板凳为盾牌，所以又称板楯蛮）高唱战歌，跳起激越的巴渝舞，向秦军冲杀，所向披靡。刘邦顺利进入咸阳后，被封为"汉王"，刘邦封范目为长安建章乡侯，后又改封为憨乡侯，意在留住賨人这支军队，范目迫于賨人思乡心切，坚持不受此封，刘邦只好将范目改封为低一级的度沔县侯，让賨人回归故里。

> 刘邦不仅喜欢这支军队,对他们特有的战歌战舞也十分喜爱。《华阳国志·巴志》说:"阆中有渝水,民多居水左右,天性劲勇。初为汉前锋,数陷阵,锐气喜舞。(汉高)帝善之曰:'此武王伐纣之歌也'。乃令乐人学之,今所谓'巴渝舞'也。"《晋书·乐志》也说:"高祖乐其(指巴人)猛锐,数观其舞,使乐人习之。"曹操令王粲改创其辞,名曰昭舞,晋、宋又改为文舞、武舞。据杜佑说,巴人从周以来的武舞,即干戚舞、巴渝舞、牟弩舞,以后演变成文、武舞。

楚汉战争期间,据史料记载,賨人从十六到六十岁的男子都拿起武器上前线。当汉中一带因遭受天旱出现大饥荒时,刘邦还下令大批饥民到賨人聚居的巴地和蜀地休整,稳定了自己的后方。汉王还在賨人居住的地方设立了一处重要的屯兵积粮据点,取名为得汉城。此城即今天的通江县永安镇(原属达县地区)。得汉城号称"地环三玉涧,天铸一铜城",地势险要,易守难攻。萧何、吕雉经得汉城把兵士和粮草源源不断地输送到前线,为刘邦击败项羽、建立西汉王朝创建了不朽的功勋。汉高祖刘邦为了奖励賨人的汗马功劳,下诏免除了賨人中罗、朴、督、鄂、度、夕、龚七姓的租赋,其余广大賨民每年也只缴四十钱的租赋,比一般人要少交三分之一。

后賨人一部分融入汉族,一部分东迁的被称为五溪蛮,成为后世土家人的先祖。賨人尚武善舞,舞武结合的奇特战斗方式,永为史册所载。

土家武术长留存

作为巴人的后裔,土家族武术萌芽极早。土家先民打猎回来后,围坐于篝火旁边烧烤着食物,边敲打手中的武器,模仿着和野兽搏斗、打猎中的各种动作。人们手舞足蹈地跳起来、吼起来、歌起来、舞起来,土家族这种最原始的舞蹈就是茅古斯舞。多数研究者认为茅古斯舞是土家族武术的活化石。流行于土家族山寨的十二埋伏拳就是由茅古斯舞演变而来的。

「茅古斯舞」

土家族人生活地区山势险要，需要练就在狭路、绝壁、险峰之地制敌取胜的格斗本领，故而土家族拳术多贴身短打，动作迅疾、拳势猛烈、刚劲有力。土家族武术讲究练功方法的系统、完整，既练站桩、轻功、吐纳术，又练套路和散手。其拳头功、爪功、抗打功、插功、掌功、头功、腿功等均有独特的练功方法。

土家族武术中比较罕见的有背牛功、撞树功和臀风功等。相传有一牧童，早晚负牛犊过溪，越岭放牧。日久，牛犊长成牯牛，重逾千斤，牧童仍负之过溪越岭，形成背牛功。背牛功既锻炼了负重之力，又练就了穿山越岭的纵、跳、跃、跨的腿功。凡有背牛功基础的武士，在作战中均有以一敌十之能。撞树功更显神奇，相传一看山老人每天行走山林之中、涧溪之畔。累了，靠树休息；困了，靠树打盹。日久，背靠出老茧而不觉痛。平时一靠树，斗粗的树被靠得哗哗作响。这个传说将撞树功神化了，据练过撞树功的武师们说，练习此功是站裆于大树之前，先以双臂来回击树，然后以肩、肘、臂分别击树，习之有日则有利于以臂肘格挡兵刃。臀风功是老拳师韩鼎臣所传。此功是选一棵大树或木柱子，左弓步站立，对准柱子，身体右转，脚向左扫90度，用左髋关节撞击柱子。右边动作相反。日练三次，每次数百轮。功成，与人交手，以臀掸击，似狂风扫叶击败对手。

稀有兵器主要有"烟袋杆""羊角叉""八角拐""袖内叉"和"吊脚针"等。这些器械大都源于生产工具或生活器皿，有携带方便、一物多用的特点。在技击中，这些器械兼有多种器械的功能，令人防不胜防。

土家族人有斗鸡的传统，老拳师张海全由此得到启发，将雄鸡的搏斗姿态，糅于少林拳法之中，形成鸡形拳。鸡形拳"有形无形，假假真真；形内藏针，无穷妙门"，主要用头撞、肩打、肘靠、爪抓、脚弹等技击方法。步型多用虚步；步法以弧形步、矮子步、击步、踮步为主；脚法有弹腿、前踢、侧踢、勾踹、跳跃等；手法以勾手为主，其形如鸡嘴抓、啄、点、叉、涮。起动突然，气沉心稳，常借鸡鸣之声助力，独具特色。

荆湘武风一脉承

洞庭连接湘、鄂两省,两省北临桐柏山、大别山,西接大巴山、巫山,东南以幕阜山与江西为界,东以长江与皖省相连。南与粤、桂两省相连。自古民风强悍,一向有"出不入兮往不反,平原忽兮路迢远。带长剑兮挟秦弓,首身离兮心不惩。诚既勇兮又以武,终刚强兮不可凌。身既死兮神以灵,魂魄毅兮为鬼雄"的慷慨赴死、舍生取义的英雄气概。至近代,前有谭嗣同之"我自横刀向天笑,去留肝胆两昆仑",后有秋瑾的"一腔热血勤珍重,洒去犹能化碧涛"。谭嗣同为书生,而豪气直冲牛斗;秋瑾为巾帼,而雄姿胜须眉。尚武之风传之久矣。尚武之风为湘鄂武术的传播发展创造了难得的社会基础。

丹淅之会楚人兴

在《史记·屈原列传》中有"秦发兵击之,大破楚师于丹淅"的记载,"丹淅"就是指当今淅川的丹淅流域,其具体方位是指淅川境内旁及西峡、商南的汉江支流丹江和淅水流域沿丹江西行可至三秦,溯淅水北上可达三晋,顺丹江、淅水而下,可抵楚汉。故而,这里有陆通秦晋、水达吴楚之称。

楚人祖先最早活动在黄河流域的中原地区,在上古民族冲突的漩涡中,在其他民族和部族的压迫和打击下,为了寻找新的生存环境,从殷商末期开始向南迁徙。在周文王姬昌时期,迁徙到豫、鄂、陕边陲的丹淅之会,并相地而居、聚族而群,依山势地形之险,建都丹阳。丹淅之会在楚先民的开发下,成为楚文化的摇篮。

从1977年到1992年,考古工作者在淅川现仓房镇,丹江岸边下寺、龙山、和尚岭、徐家岭发掘30余座春秋时期的楚国墓葬,共出土了包括青铜礼器、乐器、兵器、车马器、生产工具和玉器等各类文物达10000余件。

考古发现使越来越多的学者认为丹江口水库很可能就是司马迁所说的楚国最初的封地丹阳,当地老百姓世代传称的龙城,极可能就是楚国始都。张正明先生曾指出楚文化有六大要素,其中名列第一的就是青铜冶铸工艺。在丹淅流域出土数以万计的楚文物中,最重要的器物便是青铜器。他们大都制作精美、纹饰瑰丽,真实地再现了几千年前楚人高超的技术成就,尤其像王子午鼎、克黄升鼎等器物均已成为稀世珍宝。

「淅川徐家岭发掘楚国墓葬」

对武术研究者而

言，楚墓中男性墓主的随葬兵器提供了几个重要信息。首先，随葬兵器的数量之多，证明了处于肇始阶段的楚国以武立国，男性贵族习武成风。可以想象出在整个部族南下迁徙的路途中，武力不仅是安全的屏障，也是取得土地和权力的保证。随着部族南迁，中原的原始武术被带入了丹淅之会，成为楚国武术文化的基础。其次，出土的佩剑遍及各阶层，表明楚国武风之盛。正是有了多阶层广泛传播的武风，楚国才有能力在很短时间内灭掉周边的诸侯国，成为南方最大的国家。楚国各阶层佩剑标志着楚国不像中原各国那样，佩剑仅仅是身份地位的象征，而主要是直接使用的武器。再次，佩剑多种多样，不同样式的佩剑有不同的使用方式，表明楚国对武术的接受是广容博纳。最后在王子午墓中出土的车马器表明楚国当时已接受中原的车战之术。据此我们可以提出这样的设想：丹淅之会是楚国武术的萌芽地，楚国在这一时期已形成尚武之风。正因为有了这股尚武之风，楚国后来才能在江汉平原筚路蓝缕、开辟草莱，创造了辉煌灿烂的楚文化。

一鸣惊人中原震

从筚路蓝缕、开辟草莱，到一鸣惊人、问鼎中原，楚国经历了受辱自强的过程，至楚庄王时已不再是蕞尔荆蛮。庄王与臣下伍举以隐语沟通，暗示自己三年不飞，一飞冲天；三年不鸣，一鸣惊人的强国壮志。接受伍举之谏，罢淫乐，亲政，所诛者数百人，所禁者数百人，任孙叔敖、伍举、苏从以国之大政，国人大悦。

楚庄王五年（公元前611年），庄王亲自指挥了灭庸国之战，取得了亲政以来的第一场胜仗。

庄王九年（公元前607年）又亲率大军攻打陆浑戎，军队直抵周天子都城——洛邑附近。周定王惶恐不安，派王孙满慰劳庄王。楚庄王向王孙满询问九鼎之大小、轻重（九鼎相传为夏禹所铸，象征九州，是天子权力的标志）。王孙满见楚军强盛，委婉地回答："在德不在鼎。……周德虽衰，天命未改，鼎之轻重，未可问也。"楚庄王一方面以"楚国折钓之喙，足以为九鼎"表示蔑视；另一方面也意识到取代周王室条件还不成熟，便退兵了。

楚国大夫斗越椒发动叛乱，率自己的军队埋伏在皋浒，准备偷袭班师回国的楚军。在皋浒之战中斗越椒死于楚国名射手养由基箭下。《战国策·西周策》中记载："楚有养由基者，善射，去柳叶百步而射之，百发百中。"百发百中、百步穿杨都出自这里。此人号"养一箭"，一箭就足以制胜了。据《吕氏春秋·精通》记载："养由基射兕，中石，矢乃饮羽，诚乎兕。""百发百中"言其准，"中石"言其弓力之强。《史记》载："楚王猎于荆山，山上有通臂猿，善能接矢。楚兵围之数重，王命左右发矢，俱为猿所接。乃召养繇基。猿闻繇基之名，即便啼号。及繇基到，一发而中猿心。其为春秋第一射手，名不虚传矣。"弓箭乃楚人陈音所创，而劲射之术至养由基已然大成。冯梦龙在《东周列国志》中作了以下描述：养由基隔河向斗越椒挑战，要与他比箭，约定每人射三箭。斗越椒见养由基神态安然，心中有些惶惑不安，要求由自己先射三箭，养由基答应了。双方立在河边的石柱上，斗越椒射出第一箭时，养由基以弓拨箭，箭落于水，斗越椒就说第二箭不许拨。第二箭射至，养由基将身体向后仰，箭从腹部之上飞过，斗越椒又说不许躲闪，养由基也答应了。第三箭射至，养由基不躲不闪，张开了口，用牙齿将箭头咬住。这时楚军大声欢呼，养由基徐徐张弓，箭并未上弦，轻扣弓弦斗越椒连忙躲闪。接着养由基又扣动弓弦，斗越椒又躲了一次。斗越椒刚站起身准备说话，养由基一箭射到，要了他的性命。

扬威于洛邑，平叛于皋浒，证明楚国在军事力量上已足以与中原强国抗衡。这与楚庄王对军队训练的重视和对武士的礼遇有关。在训练军队时，首先强调号令严整，其次强调将领和士兵的个人作战能力。在训练士兵中，通过个人与个人、队列与队列的对抗，分别予以奖励和惩罚，造成了"勇者求强，弱者求立"的竞争局面。重军功的政策起到了强军作用，同时也推动了社会上习武之风的盛行。到庄王时楚兵单兵格斗能力在三晋武士之上，是以在邲之战时素以勇悍出名的晋军大败。

楚庄王对武士礼遇非常，且赏罚严明。在"摘缨会"中，庄王令自己的宠妃给立功的将士敬酒，一将领趁狂风骤起，灯火熄灭之际，抓住宠妃的手。宠妃趁机摘掉了将领的帽缨，并向庄王禀报此事。庄王趁尚未点灯之时，命所有将领摘掉帽缨，掩盖了此事。后来这位将领为报庄王不追究之恩，屡立战功而不愿受赏。庄王为笼络武士所作出的努力不仅使武士们为他所用，更为重要的是使武士们认识到只要习武有成，就可以立身殿堂，建功立业。有这样的君主提倡，习武之风焉能不播扬于荆楚之间。

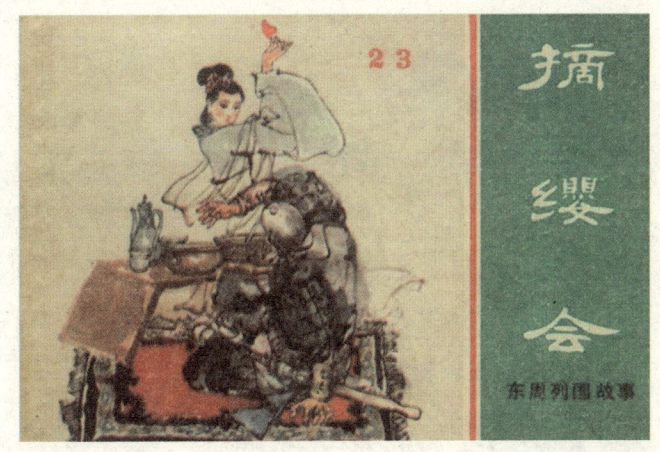

「"摘缨会"」

吴楚争雄芦中人

　　伍子胥（公元前559—前484年），春秋末期吴国大夫、军事家，名员，字子胥，楚国椒邑人。

　　伍子胥之父伍奢为楚平王子建太傅，因受费无忌谗害，和其长子伍尚一同被楚平王杀害。伍子胥在逃亡途中，曾被一渔夫所救。渔夫重义，不受伍子胥宝剑之赠，称伍子胥为"芦中人"。伍子胥到了吴国后，吹箫乞食，得以了解吴国国情和吴地的习武之人。因为楚国的边城钟离与吴国的边城都养蚕，两个女子为争采桑叶互相厮打而大怒，以致两国兴兵交战。吴国派公子光讨伐楚国，攻破楚国的钟离、居巢凯旋。

　　伍子胥劝吴王僚说："楚国可攻破，希望再派公子光去。"公子光对吴王说："那伍子胥的父兄被楚王杀害，劝大王讨伐楚国是为了报私仇罢了。攻打楚国未必能攻破。"

　　伍子胥知道公子光有野心，想杀掉吴王而自立为王，又不能说穿此事，于是就将专诸推荐给公子光，自己退出朝廷与太子建的儿子胜躬耕于田野。

「庆忌」

吴王僚趁楚平王死了，派两位公子率兵袭击楚国，楚国派兵切断吴兵的后路。吴国国内空虚，公子光就派专诸行刺吴王僚而后自立为王，是为吴王阖闾。阖闾继位后，就召伍子胥赐官行人，与他共商国事。

僚之子庆忌手握重兵，且自己勇冠三军，阖闾非常忌讳，伍子胥向阖闾推荐了一位身材矮小、体魄瘦弱的勇士要离。要离为了让自己得到庆忌的信任，让吴王阖闾杀掉了自己的亲人，并砍掉了自己的左臂，然后投奔庆忌。庆忌对要离言听计从，在乘船进军攻打阖闾时，要离趁着风势刺杀了庆忌。临死前的庆忌抓住要离的腿，三次将要离浸入水中，他惊讶于要离的勇气，不许士兵杀害要离，说吴国不能一天死两个勇士。庆忌死后，要离也自杀。要离死是因为他觉得自己履行了对君王的责任，但违背了武德。可见这一时期武德已成为武士们的行为规范。

消除了后顾之忧，阖闾聘请孙武子担任统帅，在短时间内为吴国训练强大的军队，接连三次发动了对楚战争。公元前506年，吴军占领郢都，伍子胥为报父兄之仇，掘开楚平王的坟墓，挖出楚平王的尸体，鞭尸三百。

伍子胥入吴，通过推荐民间武士，帮阖闾夺得了政权。经孙武子、伍子胥练兵，吴国才成为春秋末期的强国。这一历史过程中，是伍子胥携个人仇恨在推动吴国的政治进程，客观上也起到将楚国武术向吴越地区传播的作用。

楚虽三户亡强秦

战国末年各国都意识到人才的重要，养士之风盛行。信陵君、平原君、孟尝君、春申君、秦相吕不韦都曾凭借养士持国柄。士中有政治家、外交家，有鸡鸣狗盗之徒，也有能让猛虎为之退缩的武士……养士之风拓宽了习武者的人生之路，士的流动也促进了武术的传播。

秦始皇统一全国后，武士挟技游走于江湖，寻找可以有所作为的地方。东皋公在博浪以大铁锤击中秦王副车，事虽不成，武人风范足以骇世。秦始皇殁于沙丘，二世暴虐过于始皇。楚南公的预言"楚虽三户，亡秦必楚"由大泽乡起义揭开序幕。楚国大将项燕的后代项梁抓住这一时机起兵响应。

> 项梁携族人居于吴地，以兵法部勒其众。要求其侄项羽学剑。项羽学了几天后，认为剑术是一人敌，要求学万人敌。项梁又授以兵法。

天生孔武有力"力能扛鼎"的项羽在看到秦始皇东巡的队伍后说"彼可取而代之"。与项羽同为楚人之后的刘邦在看到秦始皇东巡的队伍后则表示"大丈夫当若是"。刘邦也趁大泽乡起义之机，起兵于沛。秦国之亡始于楚地。

秦二世以章邯为将，围赵王歇于巨鹿。诸侯军不敢救援。项羽杀宋义，夺楚军军权。以破釜沉舟的勇气向秦军进攻，"九荡九决"大败秦军。以勇武震慑诸侯，将诸侯的军队收在自己手中。在坑秦降卒后从河北进军。由于项羽牵制住了秦国主力，刘邦得以从河南较为顺利地攻占咸阳。秦朝被灭。

项羽违背了先到咸阳为王的约定，自称"西楚霸王"，都彭城，封刘邦为汉王，封章邯等秦朝降将为三秦王。将刘邦封锁在巴蜀之地，刘邦任用萧何、张良、韩信，经过楚汉战争灭掉项羽，建立了西汉。项羽在垓下之战时还不明白自己失败的原因，感慨说："非战之罪，乃天亡我也。"《史记·项羽本纪》载：项羽在多次军事行动中均取得胜利，确实不是他不能作战。他失败的原因在于不能用人、不能容人、不得民心。马上得天下，靠的是武士之力，而治天下需要武力之外的政治韬略。

南国"木兰"荀灌娘

荀灌(公元303年—?),字灌娘,故又称"荀灌娘"。西晋颍川临颍(今河南临颍县)人,是我国古代智勇双全的女英雄。

荀灌的父亲荀崧,是襄阳太守。他在任上做了一些受老百姓欢迎的事,同时也得罪了一些人。部下杜曾对荀崧不满,突然带领重兵包围了襄阳城,荀崧公正无私,为官清廉,深受襄阳老百姓爱戴,他们和守军一起拼命抵抗。城里粮草一天比一天减少,守城的军民死伤人数一天比一天增多。荀崧决定向石览求援,但没有人敢突围。

13岁的荀灌自告奋勇,要求让自己担当突出重围,寻求援兵的重任,并说出了敌军夜间松懈,有可乘之机,突围并不困难的理由。

荀崧答应了她的请求,下令选拔精悍骁勇的军士,随荀灌突围。深夜,荀灌手执利剑和十几个武士骑马冲出城外。

叛军都在睡大觉,等巡哨的发现时,荀灌已冲出包围。很快到了平南将军驻地。石览问明情况后,便说:"你们先吃饭休息,等会儿再商量破敌之计。"荀灌不肯吃饭,生气地说:"将军,您没听人说,救兵如救火吗?还是请迅速发兵,解救襄阳城吧。"石览说:"叛军兵力雄厚,只靠我的军队恐怕一下子难以击垮他们,必须请求南中郎将周访同时出兵,合力破敌。"荀灌说:"我这就写一封求援的书信。"她代替父亲写信件,请石将军派人速送周访。信上写着:"万一襄阳失守,叛军必然气焰更加嚣张,倾巢而犯近邻,将军必将首当其冲,那时灭顶之灾在所难免。如将军肯发兵援救襄阳,平南将军石览愿同

「荀灌娘画」

荆湘武风一脉承

将军结为兄弟，共同举兵，合力击破杜曾叛军。"周访被信中的道理说服了，马上派儿子周抚带精兵三千，和石览的援军一起，飞驰襄阳。荀崧见援兵已到，率城里守军冲杀出来。襄阳军民得救了。荀崧亲自到城外迎接平南将军石览和周抚，感谢他们的援救。石览对荀崧说："您有这样一个智勇双全的好女儿，真是令人羡慕。"周抚也说："襄阳解围，百姓得救，小荀灌应该是第一个有功之臣，可敬可敬！"

后荀灌娘嫁与周抚为妻，并亲自陪同丈夫训练军队。

> 据襄阳民间传说，荀灌娘擅长于骑射，能连发三矢，并精通纵跳技击之术；有的民间传说说，荀灌娘是越女剑法的传人，东晋之后越女剑在襄阳至南阳一带广泛传播，荀灌娘功不可没。

武侠合流在隋唐

唐人传奇《虬髯客传》《昆仑奴》《红线》《聂隐娘》等均写游侠，这与隋唐时期的社会风气有直接关系。李世民削平群雄的赫赫战功传扬于社会。至安史之乱后，藩镇割据，人们希望社会安宁，将希望寄托在武侠身上，致使游侠之风盛行。

李白是诗人，也是一位剑客游侠。《新唐书·文苑传》特别指出，李白"喜纵横术，击剑，为任侠"。"十步杀一人，千里不留行。事了拂衣去，深藏身与名。"李白的《侠客行》不仅仅在写他所景仰的古时的侠客，同时在暗写他自己的经历。

李白在向别人推介自己的特长时曾说："十五好剑术，……三十成文章。"明明白白地强调：自少年时，他就开始学剑。

他生怕别人会因为他身材不够高大而瞧不起他的功夫，解释性地说："虽长不满七尺，而心雄万夫，王公大人许与义气！"（《上韩朝宗》）唐代流行斗鸡活动，年轻时的李白脾气火暴，在一次斗鸡活动中，大发神威一连手刃了好几个泼皮。"托身白刃里，杀人红尘中"，首都师范大学的教师檀作文就写了一本《大唐第一古惑仔李白实录》。

唐代文人裴敬写过一篇文章《翰林学士李公墓碑》，里面讲李白"常心许剑舞。裴将军，予曾叔祖也。尝投书曰：'如白愿出将军门下'。"大唐有三绝——李白的诗歌、裴旻的剑术、张旭的草书。张旭和李白都是饮中八仙；裴将军是大唐第一剑客。李白作为裴旻的徒弟，其剑客身份确定无疑。

李白还有一个杀手徒弟，有诗为证——《赠武十七谔》，他的徒弟叫武谔，排行十七。从这首诗的序里面，我们就可以看出两人的关系："门人武谔，深于义者也。质本沉悍，慕要离之风，潜钓川海，不数数于世间事。闻中原作难，西来访余。余爱子伯禽在鲁，许将冒胡兵以致之。酒酣感激，援笔而赠。"武谔是个杀手，不是诗人。他拜李白为师，是要学武艺，而不是学诗文。

千古文人侠客梦，在唐代，作侠客、为大将是当时年轻人的普遍追求，是一种时髦的人生观，是太平盛世的时代精神。杨炯说"宁为百夫长，胜作一书生"（《从军行》）；李颀说"男儿事长征，少小幽燕客"（《古意》）；高适说"男儿本自重横行，天子非常赐颜色"（《燕歌行》）等，概莫如是，实风尚所致。所以，李白追求高明的剑术，一点也不奇怪。

> 据统计，《全唐诗》李白诗中"剑"字共出现了107次，除去作为地名的"剑阁"3次，"剑壁"1次，武器之"剑"犹有103次之多。属于剑的"铗"出现了1次、"吴钩"1次、"吴鸿"1次、"湛卢"1次、"干将"1次、"莫邪"1次、"青萍"2次、"秋莲"2次、"霜雪"2次、"匕首"3次、"龙泉"4次。总计，"剑"共出现了118次（统计时把"吴钩霜雪明""空余湛卢剑""剑花秋莲光出匣""拙妻莫邪剑""吾家青萍剑"分别计作1次），分布在106首诗中，约占全诗总数的10%。可见，李白真是爱剑、执剑之游侠。

除李白外，唐代不少诗人都对游侠生活十分向往。诗人贾岛有诗云：

荆湘武风一脉承

"十年磨一剑,霜刃未曾试。今日把示君,谁有不平事?"温庭筠有"匣中宝剑夜有声",可见是剑不离身。即使是瘦骨嶙峋的诗人杜甫,也曾写过《观公孙大娘弟子舞剑器行》。尽管剑器是武术的舞蹈化,但从本诗可以看出,唐代的武风已在影响艺术。

干戈纷扰撼洞庭

赵匡胤以一戎衣定天下,鉴于五代军阀割据,武人跋扈,制定了"重文轻武""强干弱枝"的政策,但民间习武之风从未禁绝。王安石变法使民间习武纳入"保甲法"中,武风更盛。"靖康之乱"后,异族的侵略和盗匪山贼祸害地方,形成了"无兵刃不足以出乡里"的状况。习武已成为战乱中百姓自保的重要手段。

南宋建炎四年(公元1130年),鼎州武陵百姓不堪官府的横征暴敛,在钟相的领导下起义。抗击溃兵游寇集团抢劫,破州县、焚官府、杀贪官。钟相宣称:"法分贵贱贫富,非善法也。我行法,当等贵贱,均贫富。"这一口号使得鼎、澧、潭、岳、辰等州19县民众响应。

钟相牺牲后,杨幺率义军转入洞庭湖区。陆耕水战,势力日强。南宋绍兴三年(公元1133年)四月,杨幺立钟相少子钟子义为太子,自号大圣天王,重建楚政权。南宋朝廷视之为心腹大患。南宋绍兴五年(公元1135年)二月,高宗调集20万大军,命张俊为诸路兵马都督,岳飞为荆湖南北路置制使,趋洞庭湖围剿。五月,宋军封锁沿湖

「岳飞像」

四面诸江河要津后,岳飞率所部至鼎州,先对义军诸寨遣间谍诱降,分化瓦解义军;继以大军压境,示师威胁。

义军大首领杨钦、刘衡、金琮、刘诜、黄佐等相继出降。岳飞知湖深莫测,乃纳杨钦献策,遣人开闸泄放湖水,放巨筏堵塞港汊,并于湖面散放青草,以破义军车船优势。后以杨钦为向导,进围杨幺水寨。杨幺率水军出战,因水浅,车船机轮又被草缠住,滞不能行,被官军击败,各个水寨或降或破。

杨幺起义军在水军的建设和作战方面,积累了很多宝贵的经验。例如在战船建造方面,始终把速度和机动性摆在突出的位置,无论是车船,还是海蝤,都具有快速攻击能力;在建造车船时,又注意到了大、中、小相结合,以适应在各种水文地理条件下的作战。在作战指挥方面,起义军擅长于调动和迷惑敌人,发挥水军优势,予敌以突然袭击。杨幺本人习武出身,对水军的训练均以武术为基础,要求水军要擅长弓弩之术、纵跳之术、攀登之术,又注重在狭窄之地的白刃战训练。据《岳飞传》记载,岳飞在收降洞庭降兵后,这些降兵略经训练即可对金军作战。岳飞在偃师大败金军的先头部队,就是他在江西鄱阳湖和湖南洞庭湖收纳的义军余部。

武穆创拳留至今

岳飞遇害后,岳震、岳霆两家隐居黄梅山区,将士亦多解甲务农。岳家拳流传至今,其分布地区以黄梅、广济为中心遍及鄂东各县,练者众多。

岳家拳诞生于军中,专为士兵作战杀敌而创编,故以实战著称,每招每式都讲究实用,不追求花架与外形的刻意美观。现流传下来的拳术套路主要有:一字拳、二梅花、三门桩、四门架、五法、六合、七星、八法、九连环、十字桩。十套拳法由易到难,循序渐进,而且每一套动作都古朴自然,紧凑严密,节奏鲜明,简练易学。其中的任何一招一式,都可以为习练者在实战中具体应用。例如"飞挎篮""天罗地网""周仓扛粮"等技法是岳家拳技击之精华。

《岳武穆柔术拳谱》为浙江金华人郑如槐所编。流行于蕲春、黄梅一带的岳家拳是由张春林传到金华去的。张春林,字少廷,湖北蕲春张家磅村人,是反清组织白莲教成员,兼武术总教头,遭清廷地方政府通缉,以行医、堪舆、授拳为掩护,行走在江、浙、赣、鲁、皖等省。

金华东塘人郑克荣10多岁时就在本村当学徒,受当地民风强悍之影响,少年时即拜师习练少林拳。清朝光绪十四年(公元1888年),16岁的郑克荣拜张春林为师,全盘继承张春林的拳术与医术,之后悬壶济世,岳家拳由此在金华落地生根。金华东区傅村人朱国维于1926年拜郑克荣先生为师,习练鄂东岳家散手拳术与器械,继承和发扬了郑克荣之武学,以及郑克荣练武强国思想,公开传授岳家散手第一、二、三路拳术和器械套路"八母棒"。

郑克荣嫡孙郑如槐13岁由朱国维代师传艺,并得到其祖父的精心调教,全盘继承其拳术与医术,对祖传之拳术与医术研习至深入奥,并具独到之见解。晚年全力编撰《岳武穆柔术拳谱》,把其祖传的武学与己之体悟整理编辑成册,使这一名拳以文字的形式流传下去,结束了岳家拳长期以来只能口传身授之单一传授方式。

郑如槐得意门人叶子奎,年轻时行走全国各地,遇险境能全身而退,凭的就是岳家拳。他说,我从来不为自己的事与人发生争执,迫不得已出手皆因路见不

「叶子奎」

平。30多岁时,叶子奎和同伴在赣闽交界处被路霸抢走了东西,对方有四五个人,不仅不肯归还物品,还想教训一下叶子奎。可他们怎么也没想到,叶子奎出手不过三五招,他们就趴倒在地了。还有一次,他到江西上饶火车站排队买票,其间,5个当地票贩老是通过插队来买票,他前面的一个人抱怨了几句,几个票贩子就将他打得鼻青脸肿。叶子奎看不下去,便上前劝阻,票贩们立马将矛头转向叶子奎,扬言要将他的腿打断。他们不断挑衅,叶子奎忍无可忍,只好和他们一起到售票大厅外面较量。结

果，票贩们刚一上来，就被叶子奎摔倒在地。

岳家拳至今在鄂东、金华等地区传播甚广，且有不少著名武师在授徒习拳。

内家拳谱在武当

"北尊少林，南崇武当"，这句话反映了南北武术的传播范围和技术风格。明末大思想家黄宗羲之子黄百家，记述了武当创派祖师张三丰其人其事。他的文章《内家拳法》有"自外家至少林，其术精矣！张三丰既精于少林，复从翻之，是名内家"的说法，寥寥数语，已说明张三丰承袭少林武术，又依托于少林武术创立了武当武术。学而能纳精取粹，创而能开宗立门，张三丰不仅具有大智慧、大毅力，且能汇通源流、熟久智深，开武术之新路，是名内家拳。

张三丰在武当山修道时，认为"此山异日必大兴"。他常坐在五棵古树下，然而"猛兽不噬，鸷鸟不搏"，他登山时轻捷如飞，隆冬常卧在雪中，鼾声如雷。人们都感到惊异，认为他是奇人。当时有邱玄靖、孙碧云、周真德、杨善澄、刘古泉、卢秋云、王宗等人拜他为师。通过弟子们的广泛传播，武当武术影响日盛。王宗收温州人陈州同为徒，陈州同将内家拳带到温州，又传入四明。仅在浙江就形成了内家拳的两个支派。

「武当山」

长江流域诸武术流派多受张三丰内家拳"尚意不尚形"理论的影响，将阴阳消长、五行生克、以柔克刚、后发制人，作为基本武术理论，使这些流派武术迎来了灿烂辉煌的发展。

内家拳"练既成熟不必顾盼拟合，信手而

应，纵横前后，悉逢肯綮"，是一种以我为主，以柔克刚、以静制动的拳术。金庸在《倚天屠龙记》中写张无忌以太极剑法胜赵敏手下剑术高手，颇能显示"信手而应，纵横前后"的特点。"张无忌的一柄木剑在这团寒光中画着一个个圆圈，每

「内家拳招式」

一招均是以弧形刺出，以弧形收回，他心中竟无半点渣滓，以意运剑，木剑每发一招，便似放出一条细丝，要去缠在倚天宝剑之上，这些细丝越积越多，似是积成了一团团丝绵，将倚天剑裹了起来。两人拆到二百余招之后，方东白的剑招渐见涩滞，手中宝剑倒似不断地在增加重量，五斤、六斤、七斤……十斤、二十斤……偶尔一剑刺出，真力运得不足，便被木剑带着连转几个圈子。方东白越斗越是害怕，激斗三百余招而双方居然剑锋不交，那是他生平使剑以来从所未遇之事。对方便如撒出了一张大网，逐步向中央收紧。方东白连换六七套剑术，纵横变化，奇幻无方，旁观众人只瞧得眼都花了。张无忌却始终持剑画圆，旁人除了张三丰外，没一个瞧得出他每一招到底是攻是守。这路太极剑法只是大大小小、正反斜直各种各样的圆圈，要说招数，可说只有一招，然而这一招却永是应付不穷。"这一招就是"圆圆如意"。

湖北南拳门派创

明末清初，鱼门拳、洪门拳、孔门拳等湖北地方拳种蓬勃兴起。鱼门拳效法水中游鱼的动、静、腾、跃变化，吸取渔夫撒网用力之巧，讲究"松腰坐胯，气沉丹田，急缓和谐，刚柔相济，轻沉自然，连绵不断"。

练习时要求脚踩八卦,手扣七星,上下分三关,三尖一条线。发劲时讲求松、合、冲,亦称"垮力台";有五峰碰力法,即头、肩、肘、臀、膝形似游鱼疾穿,一碰即转。鱼门拳相传

「鱼门拳拳师胡征国(右)与徒弟」

为戈定、韩通、董奎、赵玄、薛礼、钟师6位武林义士,清初隐于咸宁泉山金凤峡,因观鱼在水中穿逐转跃之妙,渔人撒网用力之巧受到启悟,共创此拳,故又名"鱼门六家艺"。清末,陈光周(咸宁人)到武汉传授鱼门拳,名噪一时。至今从汉阳至潜江,到荆州、沙市一带,习鱼门拳者均以陈光周为祖师。在咸宁、赤壁、纸坊习鱼门拳的则奉戈定等6人为创派之祖。董奎、薛礼越幕阜山进入江西,在九江行艺传徒,被称为"董家鱼门"。鱼门拳在武汉、咸宁、沙市、红安、江西等地流传百余年,其流行的主要套路有六和图、八阵图、燕青图、六角长拳等。

洪门拳系邓钟山在江宁府传艺时,教授随从的一名仆人演练的一套拳术,因其仆人姓洪,又以看守学堂的大门为生,故邓钟山允其仆人为该拳起名为"范例门拳"。洪门拳有36个适于战与防守的架子。演练此拳分大、小两个架子——大架绕手划臂,起脚转腿,大开小合,气势磅礴;小架拦手搁臂,转步藏腿,小开,小合,招式严谨。洪门拳的技击性较强,其在"交手"中讲究"以静待动,以缓制快,以柔克刚,以软化硬","一招发敌,便知高低"。故《功家秘法宝藏·补遗》"范例门拳图说"中曰"洪门拳,乃邓家拳法第二矣"。

> 孔门拳起源于湖北大冶市，关于其起源，有三种传说。一说：相传明末清初由孔庭章自创。二说：明末清初，大冶人严伏创立了武当派孔门功夫，流行于大冶（包括黄石、鄂州）、阳新、赣北一带。严伏是一位道人，传子严龙、严虎。三说：此拳身法如猿猴，故尊孙悟空为祖师，又称空门。后传道人孔佐停，孔佐停对拳势作了改进，故称孔门，并迅速以鄂南、鄂东、赣北为中心，向全国辐射，广泛传播，很快成为湖北省乃至我国的一大武术流派。

孔佐停为大冶与阳新（又称兴国）交界处人氏。该拳拳法刚劲，步法沉稳独特，跳落归膝似鹤翔，动作灵活赛猿猴。攻防范围不出丈余，适于近身搏斗。孔门功夫有精深的小手、闭气之术，以及小擒拿之术。孔门拳在陈贵、殷祖、灵乡、金山店、保安、还地桥、大箕铺、刘仁八等地较为流行。

三湘拳种亦独创

湖南地方拳种众多，已整理出来的有东安拳、梅山武功、龟牛拳、青龙拳、岩鹰拳等。东安历代武师吸收少林拳、黑虎拳、蜘蛛拳之精华并大胆创新，使东安武术在南方武术各流派中脱颖而出，独树一帜。目前主要流布于东安县水岭、大庙口、鹿马桥、石期市、紫溪市、井头圩、大盛、芦洪市、端桥铺、白牙市等乡镇。东安自古便有"外出拜师学艺，请师到家授徒"的传统习惯，在湘南一带享有"打不过东安"的美誉。

> 龟牛拳与鸭形拳一样，属于仿形拳。清初湖南平江县东乡土垅界水福寺僧人姚世月，每天打坐参禅之余，经常到寺内青垅井边，观看井中龟的活动，平时也到寺外观看牧童放牛，农民耕田。通过三

> 四年观察龟和牛的活动，心有所悟，结合所学武术，仿照龟牛之形象，创编了一套"以低迎高、以拙破巧、以慢打快、以静制动"的龟牛拳。

青龙拳由清乾隆年间湖南冷水江人杨天文所创。杨天文自幼在江湖学艺习武，先后步涉河北、山西、四川、山东等地拜师访友，历时28年，练得一身好武艺，被誉为江南五虎之一。后返故里隐居于青龙寺，削发为僧，精心研习诸家武艺之长，独创拳法，并以寺名命名其拳，单传杨氏弟子。至清同治元年（公元1862年）杨碧龙得艺后，才开始公开收徒，并先后去广西、江西、四川、云南等地传授。特点是动作灵敏，多变化，能高能矮，能大能小，打法讲以快制强，以巧制胜。

岩鹰拳是新宁县老拳师蒋兆鸿通过多年摸索，在形意十二形、少林五形、鹰拳、鹤拳的基础上精研而成，传予刘烈红。刘烈红在蒋兆鸿的指导下，又经多年实践与总结，使该拳进一步完善。岩鹰拳动作迅猛刚强，快如闪电，拳的跌、扑、滚、翻、纵、跳、起、落、撕、叼、抓、扣、拿、锁、离、合，一招一式无不体现鹰的迅猛刚强和灵敏快捷。该拳徒手套路有虎鹰归巢掌，岩鹰一、二路拳，共为三路。岩鹰拳"静如岩鹰伏山涧，猛如岩鹰斗灵蛇，缓如鹰翔九天，急如惊鸿奔雷！"岩鹰拳是极具湘西南特色的一个拳种。岩鹰拳吸收了鹰爪翻子拳的一些特点，注重的是贴身近战和短促发力，在突出刁、拿、锁、扣、分筋错骨手法外，以低位勾踢、近身盘打见长，展现岩鹰本色及南方拳系的技击特点。

湖南侗拳传说：1760年，外地一武士避难至湖南

「梅山拳拳师晏西征」

侗乡,终因饥寒交迫而病倒在侗寨的"古楼"里,侗族青年杨文先发现后精心照料,不久病愈。武士为报救命之恩,便将武艺悉心传授给杨文先。尔后杨文先精心研习,并根据当地坡高路窄的特点和族人的生活习性改创而成侗拳,流传至今已八代。

梅山拳是以地域命名的拳种之一。梅山,古称岩邑(即湖南新化县一带),此地自古是兵家争夺之地。北宋时,梅山洞主符天锡、李天华、赵天梓等人,为御敌护洞,便召集洞民习拳练武。梅山拳就是在这种情况下形成,并由赵天梓流传下来。明清时期,梅山拳逐渐发展成为具有地方特色的拳种。

三湘拳种普遍能体现地形特点和当地人身材特点。

老干新葩竞绽放

湘鄂武术外承少林、武当、峨眉武术之流传,内有本地武师之独创。源流并举,一代代潜心于武术,以弘扬武术文化为己任的习武者让武术在当代焕发了青春。

湖北近代武术以武当武术和在湖北流行的鱼门拳、孔门拳、岳家拳等著称于世。刘会峙是对武当武术做出杰出贡献的武师。刘会峙1930年出生在湖北均县一个武术世家,他是中国当代著名的武术家、武术理论家。中华张三丰太极拳的奉献者,中华张三丰太极拳第十四代传人。他曾整理出版了《武当赵堡传统三合一太极拳》《武当养生长寿功》(亦称《武当内养采光功》)、《武当张三丰太极拳》《武当张三丰三十六式简化太极拳》《武当张三丰三合一太极拳》等

「杨淑华」

著作。1974年，刘会峙拜民间隐士、身怀绝技的武当赵堡传统三合一太极拳（即张三丰太极拳继续架）第十三代名师候春秀为师，潜心静志、朝夕操演、勤研不辍，深得候春秀器重和赏识，将武当太极拳绝学——上、中、下三盘秘技，明暗腿之八法秘诀和无形无象、全身透空的哼哈二气绝技全盘传授给他，使他成为当今全面继承该派太极拳的传人和一代宗师。1987年，刘会峙应邀参加武当山首届武术擂台赛，将鲜为人知的张三丰太极拳展示给观众，并首次向世人公开了张三丰太极拳历代传承谱系。进入新世纪后，刘会峙在太极拳理论研究上，刘会峙还提出了"极限加一"的理论，从而使太极拳的理论上升到了一个新的起点。

「张九九」

武汉体育学院是传承武术的重要基地，从温敬铭、刘玉华夫妻，到江百龙、温力、陈青山等，无论是对武术理论的研究，还是对武术人才的培养，都极有贡献。华中师范大学体育学院、湖北大学体育学院在武术文化的研究方面，也颇有建树。民间武术大师庄汉生、杨淑华、张九九等人，在传播武术文化，特别是健身武术方面贡献了自己的力量。

赣皖武术融南北

"襟三江而带五湖，控蛮荆而引瓯越。"江西乃古三苗兴起之地，蚩尤敢率众北上，战黄帝于涿鹿，虽败犹荣，其武风播扬于后代。秦汉之际，有吴芮、英布挥戈击暴秦；南宋之际，鄱阳湖民结寨自保，抗击金兵；辛弃疾隐居带湖，慨然谈兵；至于明清，民间武术兴起，随移民流传湖广、四川，于武术之创建、传播，卓有建树。

安徽背靠大别山，腹拥长江。皋陶氏与夏禹联盟，称雄于中原。汉初王孟、剧孟兴江淮游侠之风。北接齐鲁，南连吴越，武术取北人豪勇之质，得南拳矫捷之风。晰扬掌呈现出皖人在武术上的创新之能。

血雨腥风有苗平

神话学者袁珂对传说中涿鹿之战的研究，为我们还原了蚩尤率九黎部落与轩辕所率炎黄部落在涿鹿进行的旷日持久的战争。这场战争最初的优势是在蚩尤一方。其一，蚩尤部落已能炼制金属制造兵器，熟练地掌握使用兵器的技能。其二，蚩尤部落不仅懂得如何使用原始武术，并在作战中发挥了武术间配合的功能。其三，蚩尤部落已在使用简单的保护性甲胄，铜头铁额实际上就是戴金属头盔或金属面具。被迫应战的炎黄部落，在经历了最初的失败后，找到了自身的优势。后勤补给比蚩尤部落强，更加熟悉地形地势和自然条件。利用队列的变化来攻击敌人（传说中黄帝创造的阵就是队列变化）。并懂得士气的重要，用雷泽之兽的皮蒙鼓，起到了"撼敌之气，振我之威"的作用，开了古代一鼓作气的先河。

战争的结果是依靠群体力量的黄帝部落取得了胜利，蚩尤虽然战死，他作战勇猛的形象依然让人畏惧。黄帝命令将蚩尤的形象画在军旗上，用来激励自己的军队，也用来恐吓敢于和自己作对的部落，这是胜利者的炫耀。

战败者陆续退回了南方，与留住在南方的同部族人重新结合。将作战技能口传身授，由后代继承。后代们在渔猎生活中将战争中的武术用于实践，并加以改进。与此相同的是黄帝部落丝毫未轻视这份战争遗产，对阵法的训练已提升到在舞蹈中都有所表现（如干戚之舞）。黄帝将同盟的部落按照阵法的需要采用相应的图腾，以便在战争中能更好地进行敌我识别。总而言之，蚩尤部落的后继者发展了武术，黄帝部落则在重视武术的基础上发展了战争艺术。武术只是个人作战能力的表现，战争是群体作战效率的显示。三苗集团有勇猛过人、出类拔萃的勇士，有英勇赴死的壮士，但缺乏能因势利导、号令全军的统帅。

「征战蚩尤」

审时度势的大禹在做好了充分的战争准备后,在等待时机。三苗地区却出现了大地震。《墨子·非攻》中说:当三苗地区地震后,人员伤亡惨重,血流成河,地震后又遭遇了冰冻灾害和连续干旱。《太平御览》中也说:"三苗欲灭时,地震泉涌"。本来就不团结的三苗集团,面临五谷绝收,集团中就已经出现了部落战争。

大禹率兵南下,三苗集团遭遇了灭顶之灾,三苗集团的部分成员成为华夏集团的奴隶,另一部分以部落的形式向西方、南方逃窜。三苗的失败意味着史前时期华夏集团已成为唯一强大的集团,而三苗集团的流窜则意味着西南文化有了新的发展动力。

战争可以消灭武力集团,但不能消灭武术传播的客观条件。武术进入军队,成为军事武术,流入民间则产生了门派武术。

吴芮起兵亡楚兴

鄱阳县是秦王朝在江西首批设置的县之一。吴芮在乡民的推举和朝廷的任命下,担任番邑令。吴芮能受到地方的拥护,就在于他在游兵散勇四处抢劫的形势下,为保卫乡亲不受伤害,组织家丁亲兵抗击流寇。他为人宽厚,只要是不袭扰百姓的散兵,一律给予出路,队伍因此不断壮大。他十八岁时就统率兵马17000多人,分布在鄱阳、余干、浮梁的各处要道,部队军纪严明,很受百姓拥戴。吴芮母亲梅氏为人贤惠,建议藏兵于民,兴农兴商,所以吴芮的部队不缺给养。他派出自己队伍中的得力骨干到四乡发展,其势力范围北到安徽祁门,东到赣浙边界,南到福建,西到都昌、鄱阳。他大胆革除弊政,轻徭薄赋,减轻百姓负担;带领百姓兴修水利,制定一系列鼓励农耕的措施,提高了农民的生活水平。

公元前209年,七月,陈胜、吴广在安徽宿县大泽乡揭竿而起。八月,第一个起兵响应的秦吏就是吴芮。吴芮出兵横扫赣、湘、粤一带,各地群众纷纷投奔,秦朝一些官吏也率部下归附。如:闽越王无诸、越东海王摇,皆领兵归属吴芮。吴芮先是跟随项羽,南征北战,在攻占咸阳后,项羽以吴芮战功卓著而封他为衡山王,建都于邾(今湖北黄冈市西北)。

吴芮在洞庭湖一带巡视时,在张良劝导下,改拥刘邦。项羽失败后,刘邦诏封吴芮为长沙王。

公元前204年,吴芮取下长沙后,建起长沙古城。吴芮以德政稳定民心,占领南越后,在南越推广"芮"稻,开发利用当地资源,宣传"重民"理念。吴芮又以示好措施,在广西、越南等少数民族地区推行和平共处政策,帮助其发展生产,受到百姓尊敬。

> 汉高祖刘邦为战争需要封八个异性王。刘邦坐稳帝位后,就消灭异姓功臣。七个异姓王,皆因各种罪名被杀被废。唯独吴芮及其子孙世袭的长沙王善始善终,成为其后仅存的异姓王(历五代因无嗣而止)。

公元前201年,吴芮与同甘共苦多年的爱妻毛苹(著名女才子)泛舟湘江,庆祝自己四十岁生日。吴芮望着远山,思念家乡瑶里。面对明月,毛苹吟咏:"上邪!我欲与君相知,长命无绝衰,山无陵,江水为竭,冬雷震震,夏雨雪,天地合,乃敢与君绝。"吴芮听罢心潮澎湃,说:"我死后要回家乡瑶里五股尖仰天台,观看天门的朝日夕阳。"同年,夫妇双双无疾而终,合葬长沙城西。其衣冠冢有多处。吴芮谥为"文王"。

吴芮凭借自己精通武术,懂得兵法,以武术训练军队,以兵法约束部众,形成占据一方、保一方安宁的势力。在灭秦的中原逐鹿之战中,能明智地做出正确选择,不愧为有政治眼光的军事家、武术家。

英布功过谁评量

据《史记》载:"黥布者,六人也,姓英氏。秦时为布衣。少年,有客相之曰:'当刑而王。'及壮,坐法黥。布欣然笑曰:'人相我当刑而王,几是乎?'人有闻者,共俳笑之。布已论输丽山,丽山之徒数十万人,布皆与其徒长豪杰交通,乃率其曹偶,亡之江中为群盗。"

当大泽乡起义爆发,英布迅速组织了上千人的军队,参与了反秦的军事行动。在作战中"布常冠军",在巨鹿之战中,"项籍使布先渡河击秦,布数有利,籍乃悉引兵涉河从之,遂破秦军,降章邯等……诸侯兵皆以服属楚者,以布数以少败犨也。"英布是楚军的翘楚,在通往咸阳的路上,"布常为军锋",战功显赫,项羽封他为九江王。

在楚汉相争时,英布审时度势拉开了与项羽的距离,项王"又多布材,欲亲用之,以故未击"。在刘邦使臣随何的劝说下,英布"起兵而攻楚"。得知英布叛已,项羽派项伯

「英布」

"收九江兵,尽杀布妻子"。在垓下之战英布"遂举九江兵与汉击楚",逼得项羽自刎于乌江。灭秦兴汉,英布功不可没。在高祖刘邦的默许下,吕后、萧何先后杀害了韩信、彭越,英布为求自保被逼造反。英布既未采取"东取吴,西取楚,并齐取鲁,传檄燕、赵,固守其所"的上策,也未采取"东取吴,西取楚,并韩取魏,据敖庾之粟,塞成皋之口"的中策,而采取了"东取吴,西取下蔡,归重于越,身归长沙"的下策,尽管"布兵精甚",依然败北。且受到长沙哀王的欺骗,被乡民所杀。

成王败寇,班固认为英布等人"皆徼一时之权变,以诈力成功"并不公平,司马迁则认为英布"功冠诸侯,用此得王"肯定了英布在这一历史过程中的作用。英布以一刑徒能发挥巨大的作用,原因有三:其一是个人因素,骁勇善战;其二是心怀大志,能在沦落之际广交豪杰,敢于冒险;其三是所处之地有强悍之民,并能迅速被英布训练成军。古代战争将勇则兵强,英布军屡屡起到披坚执锐的先锋作用,足以证明英布娴于武术且奋不顾身。有这样的将领,其部众自然师之效之,成就了虎豹之师。英布起于民间武术,而成于军事作战,赫赫战功并不会因其被杀而消亡。

亦武亦侠说二孟

司马迁曰:"今游侠,其行虽不轨于正义,然其言必信,其行必果,已诺必诚,不爱其躯,赴士之厄困。既已存亡生死矣,而不矜其能,羞伐

其德，盖亦有足多者焉。"于《史记》中独辟《游侠列传》，剧孟、王孟就是游走于江淮之间，扶危济困的习武之人。其名声不仅见之于《史记》，唐代诗人李白就有"托交从剧孟，买醉入新丰。笑尽一杯酒，杀人都市中。"的诗句。遗憾的是，《史记》中对剧孟的记载过于简略。

史书所不载，民间未必不传。在安徽阜阳至安庆一带，有一个流传至今的民间故事。汉景帝乙酉七年（公元前150年），安徽某县城一刘姓豪绅聚赌，极尽坑蒙拐骗之能事，让不少被诱上当的人倾家荡产。这一天，赌场中来了两个陌生人，一个年近四十，长须拂胸，衣着朴素，另一个二十出头，若读书人。年长者进场后很快下注，连输五把，好像没有了赌资，拿出了一个粗麻布小口袋，对豪绅讲："以一博决输赢"。豪绅用手掂了掂袋子，感觉到袋中好像是珠玉之物，心中大喜，同意一博。年长者将袋抛向墙壁，随后掷一短匕将口袋钉在墙上。豪绅抓过骰筒就摇。揭开骰筒后，豪绅大喜，因为他摇出了豹子。年长者面色不变，将骰筒轻轻抖动，他掷出了至尊宝。豪绅认为赔不了多少钱，从墙上拔出匕首，打开袋子，原来是一袋明珠，颗颗盈寸，价值连城。豪绅见倾家中之财也付不起赌注，恶从心中起，解散其他赌客，指挥恶仆向年长者行凶。这时，在旁观看已久的年轻人笑着说："单打独斗吾喜而观之，若要众殴，何不以我为对？"说话间，这二人徒手扑向众人，未过片刻，众恶仆纷纷弃械倒地，年长者抓住欲往后逃的豪绅，笑着说："汝以诈赌，掠人钱财，吾以博胜，汝当偿之。"豪绅畏死，以倾家之财付了这笔赌资。年长者将豪绅的钱散给在这里输过钱的人。临行，严厉地对豪绅说："吾散吾之财，与汝无涉。汝若纠缠他人，吾必不恕汝。慎之，慎之！"二人大笑离去。旁观者有人识之，告诉豪绅，二人即剧孟、王孟。豪绅饮恨吞声大病一场。

> 这一民间传说，说明了西汉年间习武之人已对武德非常崇尚。武者以德律己，则"私交廉洁退让"，以武德行世，则"千里诵义，为死不顾世"。司马迁在《太史公自序》中对游侠作了这样的评价"救人于厄，振人不赡，仁者有乎；不既信，不倍言，义者有取焉。"儒家道德中的仁义渗透于武术之中，成为铸造习武者道德根基的渊源。

东吴少年亦领兵

黄巾起义后，军阀混战，孙坚以地方小吏征集乡里少年起兵，奠定东吴基业，这与他从小习武极有关系。《三国志》载："行旅皆住，船不敢进。坚谓父曰：'此贼可击，请讨之。'父曰：'非尔所图也。'坚行操刀上岸，以手东西指麾，若分部人兵以罗遮贼状。贼望见，以为官兵捕之，即委财物散走。坚追，斩得一级以还。"勇而有智，故而从军之后能累立功勋。孙坚死后，其子孙策善于用人，"与周瑜相友，收合士大夫，江、淮间人咸向之。……是以士民见者，莫不尽心，乐为致死。"东吴就是依赖当地的人才兴国立邦。文有张昭、张纮、顾雍、程秉、阚泽、薛综，武有周瑜、鲁肃、吕蒙、程普、黄盖、韩当、蒋钦、周泰、董袭、甘宁、凌统、徐盛、潘璋、丁奉，除诸葛瑾系外来之人外，这些人均为东吴之俊杰。

"治世重相，乱世重将"，三国纷争是在大大小小的战斗中显示着将领们的能力。孙权称赞周瑜"公瑾文武韬略，万人之英"，《吴书》描述鲁肃"体貌魁奇，少有壮节，好为奇计。天下将乱，乃学击剑骑射。"其他将领在追随孙氏之前，均有习武经历，其中最奇特的是甘宁。甘宁自幼习武，而且喜好游侠，"轻侠杀人，藏舍亡命"，并且当过佩戴铃铛开路的强盗。其军事生涯中的壮举是百骑劫魏营，《江表传》载："宁乃选手下健儿百余人，径诣曹公营下，使拔鹿角，逾垒入营，斩得数十级。北军惊骇鼓噪，举火如星，宁已还入营，作鼓吹，称万岁。"这一次奇兵偷袭，只有南宋时期辛弃疾以百余人闯金兵大营杀死叛徒张安国可以相比。

五虎上将世人皆知，然以

「甘宁」

战功论，东吴将领之勇毅未必在蜀将之下。即以吴将中不太有名的丁奉为例，当曹丕派诸葛诞、胡遵率兵进攻东兴，大军压境朝野震动。年迈的丁奉"乃使兵解铠著胄，持短兵。敌人从而笑焉，不为设备。奉纵兵斫之，大破敌前屯。"东吴的主要将领，除太史慈外，均为江西、安徽两省之人。天地之大，何处无人才？让人才脱颖而出，为上者必须慧眼识珠，敢于用人。孙盛曰："观孙权之养士也，倾心竭思，以求其死力，泣周泰之夷，殉陈武之妾，请吕蒙之命，育浚统之孤，卑曲苦志，如此之勤也。是故虽令德无闻，仁泽罔著，而能屈强荆、吴，僭拟年岁者，抑有由也。"

东吴军制以将专兵，这些功成名就的将领都有自己的私家兵丁。将领们自家习武，兵丁们也自习武成风。赣皖武术在三国时期，先由地方汇集到军队，再从军队回到地方。这种状况为后世晋元帝司马睿逃到江南重建东晋提供了军队的基础。

南北相争求自保

公元280年西晋太武帝派杜预、王浚灭吴，统一全国。梁王司马肜、赵王司马伦发动政变，引发"八王之乱"。匈奴人刘渊起兵，中原战乱。公元317年司马睿建立东晋，大批北方官僚、豪门大族及流民涌向南方。

司马睿南下之后在王导的安排下，很快与南方的顾氏、贺氏、周氏等家族融合，得到地方势力的拥戴。这些家族从三国时期就拥有大量的私兵，这些私兵在司马睿南下后，也就堂而皇之地成为东晋的军队。江左豪杰有了用武之地。从东吴以来的地方习武之风也为保一方安宁起到决定作用。

> 东晋前有苏峻、王敦之叛，后有桓玄之篡，孙恩之乱，荆襄骚扰、苏浙糜烂，能保持相对安宁的只有江西、安徽。原因在于两地乡民保家之心甚固，加之地方习武成风，叛军急于直趋建康，也不敢和民风强悍的地方武装纠缠而贻误战机。乱世习武求自保，东晋时期赣皖地区确实依赖习武之风求得安宁。

赣皖武术融南北

安徽部分地区处于南北交战的要害地区，当地的习武风尚造就了一支庞大的、既能充当后勤，又能担当次要作战任务的民军（农军）。淝水之战前秦王苻坚倾举国之力，拼凑了包括氐族、羌族、鲜卑族、汉族的混合军队——94万，而东晋谢安面临大军压境，镇之以静，拒绝了桓冲以荆襄之兵东下助战的要求，仅派出以"北府兵"为核心的8万军队。使谢安战略决策得以实现的原因有三：其一，谢石、谢玄领会了谢安作战思想，根据前秦兵远道而来，兵合力不齐的特点，派猛将刘牢之等将领进行了洛涧之战，击败了前秦军的前锋，将前秦军主将梁成和其弟梁云杀死。其二，洛涧之民不愿意屈服于前秦。据史载：战前乡民们将老弱妇孺均迁徙到后方，青壮年自携兵刃、自备干粮，集结成独立武装，欲与前秦军作战。刘牢之到达洛涧后，这些独立武装起到了骚扰敌军、阻挠敌军运输的作用，同时为刘牢之提供了准确的军事情报。在前秦军被刘牢之击溃后，其溃散的15000人被独立武装各个击破。习武是乡民敢于作战的勇气来源，也使乡民懂得战争中的配合。谢玄在八公山布疑兵时，乡民们"昼则扬旗，暮则举火"，致使志骄意满的苻坚睹此景后，得出了八公山下草木皆兵的结论，打击了敌人的气焰。其三，朱序在前秦军稍有退却，即串通军中汉人大声呼喊：秦军败了，秦王死了。造成前秦军混乱，不堪再战。

> 淝水之战是多种因素综合使晋军获得胜利的以少胜多的大捷。习武的乡民是这场战争胜利不可或缺的因素。民不可轻，当乡民为保自身家园而拼死搏斗，战争的天平必然出现倾斜。何况这不是普通的乡民，而是有着数百年习武传统，懂得"执戈愤然起，慷慨赴死难"的习武之士。

保甲练兵地方宁

"重文轻武""弱枝强干"使藩镇割据成为不可复现的历史，也造成了北宋王朝"积弱积贫"的军事和财政形势。

契丹人建立的辽，党项人建立的西夏，都造成边境战争，北宋在战争中始终处于被动挨打，即使强势丞相寇准成功指挥的澶州之战，取得杀死辽军统帅萧挞览的巨大优势，也无法遏制宋真宗用交付岁币来逃避战争的妥协行为。"依样画葫芦"，对西夏也采取了岁币买安宁。岁币被朝廷转嫁到农民身上。

这样的社会现状使王安石在取得宋神宗赵顼支持后，为"富国强兵"目的积极变法。其强兵之法计有"将兵法""军器法""保马法""保甲法"，一改宋初禁止百姓拥有武器、练习武术的政策。

「校场」

推行"保甲法"的目的是加强地方治安武备力量，宋熙宁三年（公元1070年）开始推行此法，元丰二年（公元1079年），宋神宗又正式颁布了《府界集教大保长法》。该法规定每两县设一教场，将保长集中起来培训，以十人为一组，学习武技，为期三年。培训期间由国家供给费用，培训结束后回乡"立教团"，大保长为教头，以五日为一周期轮训保丁。这样就形成了一个以地方基层为重点的，以"除其兵器外，其余弓箭等许从便自置，习学武艺"的民间习武网，这为民间开展多种习武活动提供了一个社会环境。尽管政敌司马光的反对，以及吕惠卿、章惇等人在变法中的倒行逆施，导致变法失败，但"保甲法"推行时期形成的习武风气已深入民间，难以改变。至宋徽宗时民间出现了各种各样的武术结社，即使在首都东京（开封），也有"弓弩社"这样的武术团体。武术的普及使武术成为重要的娱乐、观赏项目，"瓦肆"（娱乐场所）中经常有武术表演，"套子"武术就在这一时期产生。

宣和二年（公元1120年），方腊在安徽歙县七贤村起义，其发展之迅速、声势之浩大使北宋政府倾东南之力予以镇压。由于起义损及地方绅士的利益，为地方绅士把持的地方武术集团均参与了对方腊义军的镇压。

这些地方自保性武术组织发挥了官军难以发挥的作用。例如在江西婺源，以"忠勇世家"著称的绅士詹光国"尝试京师，得武举于兵部"，"召族之勇者芝瑞、彦达共誓，率乡邻据青山下，且守且战，光国等及乡人死于守阵者二十二人。"在宁国，旌德人鲍琢在义军进攻时，"率乡族……直当要路"，"纠义兵击破之"。简言之，皖东南数州县的地方武术组织出于自保，均与方腊义军为敌。方腊义军的骨干偏偏又是歙县的地方武术组织中人。道不同，不相为谋，同根相残，得益者只能是统治集团。

祸乱江淮武士起

"靖康之乱"后建立南宋的赵构以"收复失地"为欺骗人民的政治口号，对南方人民进行残酷、暴虐的剥削。

除按田亩征收税收外，在原定税额之外加收"正耗""加耗""和籴米"和"斗面米"，应纳一石粮米，这时非缴纳五六石；还加征"大礼钱""免夫权""纲夫权""赡军月桩钱"等。南宋王朝用抗金名义榨取民脂民膏，又无能抵御金兵，江南的许多地区都直接或间接地遭受到金兵蹂躏屠杀的惨祸。而部分败散宋军逃窜到江、浙、皖、赣、湖、广等地区，打家劫舍、奸淫掳掠、化兵为匪。南宋政府派兵对他们进行征讨，又常常造成"官兵盗贼，劫掠一同，城市乡村，搜索殆遍"，以及"大兵所过，肆为掳掠，甚于盗贼"，"兵将所过纵暴而唯事诛求"等类情况。百姓在南逃的过程中先被自家人"梳洗"一遍，然后越淮渡江，战乱祸延南方。

建炎四年（公元1130年）春，江西贵溪和弋阳两县近20万百姓，包括了大量的信奉"吃菜事魔"教的人，就推举了经常以念诵摩尼教经典为业的王宗石为首起义。同年十二月，在虔州境内外爆发了以李敦仁首的农民起义。李敦仁是虔化县（今江西宁都县）乡贡进士，他与其弟李世雄，聚集了本县六乡的农民几万人，占领了虔化、石城等四县。第二年春又活动到福建路汀州的宁化、清流两县。在虔州的邻境吉州（今江西吉安县）又爆发了以彭友、李满等号称"十大天王"的群众起义，徒众多至数万，活动于江西、湖南两路内；而在虔州，则有陈颙、钟超、罗闲十等人领导的几支起义农民军10余万众，相继而起。当时的安抚大使朱胜非在给高宗的奏章中指明百姓因困苦穷顿受人所诱而走歧路，另外也直接指明这是王安石的"保甲法"使民众中"习武之人血气方刚，勇于任事，积小忿而抗朝廷"。看来习武者在民变中确实起到了骨干作用。

岳飞在镇压赣皖农民起义中"战功卓著"，平定了吉州、虔州义军。岳飞对起义部众并不一概杀害，老弱放归乡里，健儿弃兵刃者尽收归军中。岳家军中牛皋、徐庆所率领的部众基本以这两州降兵为主。尤为罕见的是，岳飞与杀死自己弟弟岳翻的义军首领杨再兴折箭为誓，结为骨肉之亲。杨再兴从此忠心耿耿跟随岳飞，直至战死在小商河。杨再兴就是由武师而强盗再官军，岳珂称杨再兴是"善改过而立伟业者"。

> "百无一用是书生"，在战乱环境中确有道理，能自强者方能自卫，习武者在自强上先行一步，成为结寨自保中的组织者、训练者，一心想偃武崇文的北宋开国君主做梦也想不到，朝廷造成的祸乱使已被压制得毫无生气的武术，在南方得到了广泛传播的机会。

清真自创晰扬掌

晰扬掌，别名棋势功，相传晰扬掌是元仁宗延祐年间（公元1314—1320年），由亳州清真寺伊玛目沙阿訇为了宣传伊斯兰教门创编的"清真古兰健身术"发展而来的。经数十年的努力，他终于摸索出把中国汉语言、哲学、武术、文学、武术术语与伊斯兰经文（清真言）阿拉伯字母、礼拜动作、古兰经章节相结合的一整套伊斯兰武术体系。传说元末爆发的白莲教民——红巾军进入亳州时，一些回民被红巾军抓获，其首领刘福通要把他们处斩。在红巾军内部的回族头领胡大海和朱元璋（当时为副元帅）的调解下，双方达成一棋定生死的协议。双方在棋盘上对阵，沙阿訇运内功于抓棋子的手指之上。他棋法稳健，步步威逼，获得了棋局的胜利，同时也化解了这一场矛盾，这对阵的棋局被演化成拳法，称为棋势功。明洪武十三年（公元1380年）基本完成了棋局中的各套拳法，以"晰扬掌（棋势功）"命名。直到他八十二岁那年，因身体不适，传承其孙，汇集成书，署名"古兰健身术——晰扬掌"。

「海全民指导晰扬掌兵器套路」

晰扬掌，强调柔、烈、凶、猛、威。步法有随、快、退、碾，"步走三角梅花式，恰似古兰经文图"。回环转折，曲线迂回。技法多种，灵活多变，总分三百六十五手，招招意明，势势相应，随意变势，意动势随，以掌贴身，柔其身，找其穴，击其要害。劲力刚而不僵，柔而不松，以内合为基础，以外合为根本，达到劲、力、体一致。拳械套路有：晰扬掌、狮子头、八技、棋势功、四仕、四象、四兵、八炮、十掌、二十四势连环掌、游龙险爪、三手、提手炮、单刀、双刀、剑、手梢、八叉、匕首、双戈、齐眉棍、九节鞭、晰扬鞭、大枪、春秋大刀、晰扬对练、枪进棍、匕首枪等。

据"秘谱"记载，到21世纪初，晰扬掌在亳州秘传已历十代。第十代传人褚金龙（原籍亳州，回族），从12岁起习练晰扬掌，深得其精髓，了解晰扬掌完整的理论、功法和套路，形成独立流派。在安徽阜阳地区、滁州地区和蚌埠、安庆、合肥等市的查拳门派中流传，但皆以查拳为主，兼习晰扬掌法。亳州晰扬掌拳师海全民研习晰扬掌几十年，擅长运内硬功，发力于全身连四肢，所演练拳路中体现出技击柔化法与秘籍伊斯兰经文字母相吻合的特点。

晰扬掌作为穆斯林的护寺拳术，以前是严禁向本教以外的人传授的，现在拳术作为护寺的功能已经弱化了，而演变成为一种文化，为了真正传承这种特别的文化，真正发扬光大晰扬掌拳术，海全民打破

> 了先人只授本教教民不传他人的旧的传承观念，开始教授非教民弟子，在他教授的众多弟子中，还有汉族弟子数十名。

海全民为传承发扬传统文化做出了突出贡献，他作为著名晰扬掌拳师被编入《中国武术大全》《中国民间武术家名典》《中国大百科专家集》《中国当代武林名人志》《中国当代武术家辞典》《中华武术》等书。

官虐民怨兵祸生

《明史》载："正德三年（公元1508年），江南、北旱。四年（公元1509年），旱，自三月至七月，陕西亦旱。七年（公元1512年），凤阳、苏、松、常、镇、平阳、太原、临、巩旱。"连年旱灾，已造成民不聊生、饿殍遍野，明武宗却忙于建"豹房"、选嫔妃。上行下效，地方官员不以赈灾恤民为重，孜孜于博上欢心以求仕途之路更加通畅。难以聊生的百姓死中求活，民难盟矣。正德十一年（公元1516年）江西饶州（今上饶）畲族农民起义首领谢志山，与蓝天凤共同举义。以横水、左溪为据点，占赣州、大庾、南康诸城，处决贪官，歼灭官军，声势波及闽、粤、赣、湖广，得到附近汉、苗、瑶、壮等族人民的支持。建立了农民政权，自称"征王"。浰头头的池仲容、大庾的陈曰能、乐昌的高快马、湖南郴州的龚福全等均起兵呼应。福建大帽山的盗贼詹师富等也趁势起兵。这些起兵的首领中，有农民、有地方豪强、有山寨匪徒，江西、湖南、福建三省均处于混乱之中。江西巡抚文森托病去职，一时明朝吏部竟挑选不到愿意到江西赴任的官员。

同年8月，兵部尚书王琼推荐王守仁（阳明先生）负平乱之责，王守仁被擢为右佥都御史，巡抚南、赣。王守仁一向持"剿山中贼易，剿心中贼难"的见解，到任之后即开始了"剿心中贼"的措施。"不正官吏，何以正民？"王守仁"晓之以顺逆，督之以利害"，"恕其罪，动以情，劝以功"，让与盗贼勾结的衙门中人继续与盗匪勾结以获取盗匪的情报。先赈济地方以安民，后集江西、福建、广东相关地区会兵一处，以"诡异"、独断之谋略用兵，荡平为患数十年的盗贼，人们都惊呼王守仁是神。

正德十四年（公元1519年），宁王朱宸濠发动叛乱。王守仁在袁州（今江西宜春）聚集各府县士兵，征调军粮、制造兵械船只。假装传檄各地至江西勤王，在南昌到处张贴假檄迷惑朱宸濠。用疑兵之计，使宸濠留守南昌的兵力空虚，守仁率兵攻打南昌，宸濠回兵救南昌。经过三天的激战，宁王叛乱历时35天后结束。

「王守仁」

王守仁认识到，乡民习武若不加以正确引导，则会成为社会动乱不宁的重要因素。故而在平定民乱之后，一再强调教化，并强调建立以族权为核心的基层社会组织，"以德化之，以忠孝束之，以顺逆导之，以功业劝之"。这样才为平定正德十四年（公元1519年）的宁王叛乱奠定了社会基础。宁王为叛乱准备多年，《明史》载"宸濠贿刘瑾，复所夺护卫……养群盗，劫财江、湖间"。宁王广纳武士，其护卫俸禄甚厚，考核甚严，以武功高低定其职务，所养群盗均采取了护卫的制度。王守仁在平定宁王之乱后，对宁王所养武士诛杀殆尽，认为他们"恃其长而凌官虐民，其心术之坏至极矣"。在"剿心中贼"上，王守仁是连肉体一起消灭。

名同果异见用心

进入民国后，由于张之江等人的提倡，各地纷纷办起了国术馆。各地国术馆主持人的目的不同，自身人品不同，导致国术馆良莠不齐，起到的作用也不同。将赣皖两地的国术馆略作比较，即可看出这一点。

1921年由王成美、罗伯章、鲁大夫发起，安庆、芜湖先后建立"精武体育会"。自筹经费、场地、器械,每期招收30名学生,传授武艺。两地精武体育会坚持到1929年,后并入国术馆。

1926年至1927年,由叶汉庭等人发起,先后建立"国术促进会""国术研究社",地址均设在芜湖。各招收学生20余人,有些市、县也相继建立起类似民办组织。安徽省国术馆,1929年正式成立。程天放、王成美为正副馆长。安徽省国术馆以弘扬国术、传承国术为己任,除开办师资班外,还开设研究班和练习班。由于安徽省国术馆的推动,1929年前后,安庆、芜湖、蚌埠、合肥、阜阳、亳县、蒙城、寿县、霍邱、嘉山、凤阳、来安、当涂、宣城、青阳、泾县、贵池、太湖等市、县,相继成立国术馆,开展了练武活动,为该省的武术发展做出了积极的贡献。

> 1918至1919年间,江西优级师范学堂体操专修科毕业生——南昌人胡蕉琴、南城人鄢云鹏和东亚体专第九期毕业生胡昆放,学着上海、山东等地在南昌挂起一块"江西精武体育会"的牌匾。1922年,南昌女师的学生会主席刘和珍(革命烈士)同体育教师熊恬率20多名女生加盟,精武体育会进一步壮大。

1924年,第三届全国运动会在湖北武昌公共体育场举行,江西精武体育会在现场表演。

1933年底,国民党江西省政府接到蒋介石电令:"以我国国术起源甚古,足以杀敌致果,极(亟)需努力提倡,务于练习民团之际,将国术列为主要术科。"江西保安处遵照蒋的电令,拟出办法呈蒋介石。很快,豫、鄂、皖三省"剿匪总司令部"转来指令,允准照办。于是,江西各地的国术馆如发酵一般撒落各地,并迅速扩充,形成一股势力。

江西国术馆在南昌市合同巷成立,馆长为国民党党部主任委员王冠英担任,副馆长为江西大舞台的老板胡炯,秘书名为黄锡章。1936年1月,国民党省政府主席熊式辉任董事长。一时间江西武风盛行,但明眼人一眼就看出其中的政治色彩。

在浓郁的政治气氛下,各地军阀、官僚、豪绅、买办们不惜重金物色一批"国术专家""国术教师",作为鹰犬或打手。如在武术比赛中卑鄙伤人的胡炯初到南昌,只不过是设私场的把式,因其门徒多为商界巨贾、阔少,终被国民党当局看中,委以省国术馆副馆长重任,一跃为江西黑社会头目,称霸江西武坛。江西省国术体育研究会会长朱云龙早年自奉新来到南昌,成为省内盐业巨商朱某保镖。原"天津"镖局武艺高强的王、田、吴等四镖师被国民党宪警特务机关看中,受雇于江西省军人监狱,分别任班长、特别看守,专门镇压、残害大革命时期不幸被捕的共产党员和革命志士。

同为国术馆,一则为武术之花盛开之源地,一则为以武助纣为虐之场所,可见事为人办,人不同则事亦不同。

普及为基艺更精

武术文化作为普及率极高的大众文化,要有所突破、有所成就,需要有雄厚的基础,这个基础就是广大习武群众的自觉投入。赣皖两省在改革开放后,成立了各种民间武术团体。习武者惋惜十年荒废未有传人,不少人办起了武术学校……

如距离宜春市区12千米的南庙乡,两万人口的乡镇,却有6900余人会武功。在1000多年的祖传父教的习武历史中,成为武艺高超、武德高尚、远近闻名的武术之乡。被国家农民体育协会授予"全国武术之乡"和"亿万农民健身活动先进乡镇"。乡政府每年拿出两万元,定期对乡武术协会成员进行集中培训或切磋交流,并建立多个习武点。江西省吉水县是"全国武术之乡",近年来该县结合新农村建设,为农民建活动场地,挖掘武术人才,组织武术比赛,引导农民传承这项国粹。樟树市是1992年被国家体委命名为第一批"全国武术之乡",樟树武术走出了一条传统武术与全民健身相结合的新路子,得到了社会各阶层的普遍好评。樟树市中小学都开设了武术课,2000年开展了全国武术操在学校的试点工作。

安徽省的群众习武活动推动了武术的发展,从2013年开始,枞阳县投入资金成立东乡武术协会,集中精力开展继承、创新研究工作和传承人才的培养,组织有文化的东乡武术传承人对东乡武术进行搜集整理,并在

「东乡武术传承人章根苗」

周潭镇彭桥村设立了习武堂,吸引年轻人习练东乡武术,另外鼓励东乡武术从低调走向公开,参加各界武术聚会。2014年安徽省亳州市一家精武馆举行开馆典礼,向市民开启了免费传授武术的大门。近百位武术爱好者在开馆典上表演了查拳、晰扬掌、心意六合法等具有亳州特色拳术,以及大刀、棍术、剑术等武术,展示了中国武术的独特魅力。这种免费公益的武术馆给武术爱好者搭建了一个交流的平台,为弘扬武术起到更好地推动过用。亳州在1992年就被评为全国武术之乡,武术人才辈出,尤其以回族习武者居多,本土武术发展呈现出欣欣向荣的态势,习武健身已经成为很多亳州人的习惯。

普及为基,赣皖两省已形成发展武术的沃土,涌现出不少在各种竞赛中取得奖项的武术健儿。江西人万明群曾经在深圳力克欧洲搏击专家、以色列高级特工雅里鲁夫以莱雅和俄国大力士、格斗搏击专家雷金,并著书立说阐发武术理论、收徒授艺培养武术人才。安徽省武术套路队建队以来,夺取全国、亚洲和世界武术锦标赛金牌近百枚;培养出20多名全国冠军,其中贾平、方坚、杜新杰、陆松廷、范雪平等是近年代全国武术界的知名人物;全队共有100多人次代表中国武术代表团出访过前苏联、日本、美国、英国、韩国、法国等50多个国家和地区,成为我国体育外交的使者;另外,全队还派出援外专家50多人次,出国传授中华武术,为中国武术运动的发展和向世界推广武术做出了积极的贡献。

吴越武风代承继

良渚文明肇吴越文明之基，非独以农耕玉器著称于世。国立而武士兴，玉斧玉戈足为征伐卫国之证，武士之源开发甚早。申公入吴，中原战法传入吴地；孙武练兵，军事武术超越中原；勾践卧薪尝胆，"十年生聚，十年教训"，终雪会稽之耻；尚武之风传至明末，使吴越成为报仇雪耻之地；太平军兴，南北武术汇于吴越，有创有继，吴越武风兴盛至今。

争霸武士雄风异

"志异征诛三让两家天下，功同开辟一抔万古江南。"泰伯和仲雍为免父亲为难，从西岐出走，进入荆蛮之地，断发文身融于当地社会，定居在梅里（今无锡梅村），号称句吴。当地土著千余家归属于他，吴国从此兴起，泰伯、仲雍是将中原文化与良渚文化结合起来的历史巨人。

进入春秋后，吴越楚互有战争，阖闾崛起于前，勾践沼吴在后，伍子胥、孙武、范蠡、文种等人运筹帷幄，武士们喋血于战场。争霸说到底是国力之争，是武力之争。

阖闾与伍子胥推荐的堂邑武士专诸共谋，以"鱼肠剑"刺死吴王僚。阖闾成为吴王。为报专诸舍身刺杀王僚之功，"阖闾乃封专诸之子以为上卿"。

一介武士，一柄短剑，在短短的瞬间，造成了君位交替，正所谓"乃知兵为凶器，用之吉则吉，用之凶则凶"。专诸刺王僚，凶耶？吉耶？

阖闾登上王位后，担忧王僚之子庆忌会率兵复仇。庆忌确实在训练精兵，联结诸侯，准备为其父复仇。庆忌本人自幼习武，走若奔马，手擒飞鸟，阖闾认为他有"万人之力"。伍子胥向阖闾推荐了一个身材瘦小，仅五尺余，腰围一束，顺风而行，计粒而食的勇士要离。

要离向阖闾提出了以苦肉计接近庆忌而行刺杀的计策，"臣诈以负罪出奔，愿王戮臣妻子，断臣右手，庆忌必信臣矣"。苦肉计的实施使庆忌接纳了要离。

《吴越春秋》载当庆忌率兵向吴国进发，"将渡江于中流，要离力微，坐与上风，因风势以矛钩其冠，顺风而刺庆忌，庆忌顾而挥之，三捽其头于水中，乃加于膝上，'嘻嘻哉！天下之勇士也！乃敢加兵

「专诸刺王僚」

刃于我。'左右欲杀之，庆忌止之，曰：'此是天下勇士。岂可一日而杀天下勇士二人哉？'乃诫左右曰：'可令还吴，以旌其忠。'于是庆忌死。"要离并未回到吴国领取厚赏，要离对护送他的人说"杀吾妻子，以事吾君，非仁也；为新君而杀故君之子，非义也。重其死，不贵无义。今吾贪生弃行，非义也。夫人有三恶以立于世，吾何面目以视天下之士？"要离在道德上感觉到自己只做到了忠，没有做到仁与义，觉得不应苟活于人间，在投水自尽被救后，"乃自断手足，伏剑而死"。

> 以弱制强，以巧制力，应该是武术最高境界了。要离用他的生命完成了最不可能完成的任务。
>
> 宋代陆游有诗云："生拟入山随李广，死当穿冢近要离。一樽强醉南楼月，感慨长吟恐过悲。"诗中表达了陆游建功立业之豪情，李广为汉代飞将军，要离为春秋时有名的刺客。要离为陆游所敬仰，是因为他以死亡方式实现自我对生命意义的追求。

越女猿公留神迹

越王勾践兵败会稽，用贿赂打动了夫差的大臣伯嚭，伯嚭劝吴王夫差接受了勾践的归顺，勾践忍辱负重，在吴国当了三年马夫，并亲尝夫差粪便，蒙蔽了夫差。在伯嚭劝说下，夫差释放勾践夫妇回国。回国后，勾践以复国为念，卧薪尝胆，委政事于文种，推行"十年生聚，十年教训"的国策；委军政、外交于范蠡，外示其弱而内修其强。

据《吴氏春秋》载："处女将北见于王，道逢一翁，自称曰'袁公'。问于处女：'吾闻子善剑，愿一见之。'女曰：'妾不敢有所隐，惟公试之。'于是袁公即拔箖箊竹，竹枝上枯槁，未折堕地，女即捷末。袁公操其本而刺处女。处女应即入之，三入，因举杖击袁公。袁公则飞上树，变为白猿。遂别去。"这段记载颇有神话色彩，猿公应是一喜穿白衣、跳跃之能超众的武师，与峨眉创派之人司空玄空相仿佛。他与越女的斗剑被后人神话化了。

掌管军政的范蠡认为:"行阵队伍军鼓之事,吉凶决在其工。今闻越有处女,出于南林,国人称善。愿王请之,立可见。"

越女对越王谈到剑道,"凡手战之道,内实精神,外示安仪,见之似好妇,夺之似惧虎,布形候气,与神俱往,杳之若日,偏如滕兔,追形逐影,光若佛仿,呼吸往来,不及法禁,纵横逆顺,直复不闻。斯道者,一人当百,百人当万。王欲试之,其验即见。"越女在论剑道的时候对形、气、神、动静、阴阳均有涉及,这也为后代武术家承袭。

越王还聘请了楚人陈音作为军队的弓箭手总教习。陈音向越王讲述了弓弩的起源,"断竹,续竹,飞土,逐肉",弓弩的结构,最后讲述了正射之法"臣闻正射之道,道众而微。古之圣人射,弩未发而前名其所中。臣未能如古之圣人,请悉其要。夫射之道,身若戴板,头若激卵,左蹉,右足横,左手若附枝,右手若抱儿,举弩望敌,翕心咽烟,与气俱发,得其和平,神定思去,去止分离,右手发机,左手不知,一身异教,岂况雄雌?此正射持弩之道也。"对射箭的站姿、心态、呼吸都作了详尽的解说。"于是乃使陈音教士习射于北郊之外,三月,军士皆能用弓弩之巧"。

越王勾践引进著名武师训练军队,一支个人作战能力远强于吴军的军队迅速形成。当夫差诛杀伍子胥,而与齐国争霸于黄池,机会成熟了。勾践大举进攻,并借鉴吴灭越后不吞并的恶果,使吴越成为一家。这既是政策上的成功,也是军事上的成功。军事上的成功在冷兵器时代离得开武术么?

项梁起兵在吴地

王翦灭楚,楚国大将项燕死国。其族人在其侄项梁率领下聚族而居,"项梁杀人,与籍避仇于吴中。吴中贤士大夫皆出项梁下。每吴中有大繇役及丧,项梁常为主办,阴以兵法部勒宾客及子弟,以是知其能。"陈胜、吴广起义后,项梁马上率领其族人起兵响应,并迅速成为能拥立熊心为楚王的军事集团首领。项梁因轻敌战死后,项羽成为该集团的实际领导人。

吴越武风代承继

在军事活动中,项羽显示了他既不是政治家,也不是军事家,而是依仗天赋和勇气的常胜将军。杀宋义夺军权,显示其勇毅而果决的处事之能;破釜沉舟,显示其"虽千万人吾往矣"的勇气;巨鹿

「陈胜、吴广大泽乡起义」

之战九荡九决,显示其身先士卒、奋不顾身的战斗精神;利用巨鹿之战的胜利,吞并诸侯的军队,显示其因势利导以威立信的领导艺术。在火焚咸阳之前,项羽确为趁势而起的高才捷足者。即使坑秦降卒过于残暴,亦不足掩其常胜将军之显赫名声。火焚咸阳,证明他不知收民心为己用;鸿门放走刘邦,证明他有妇人之仁;定都彭城证明他目光短浅,未能远谋;死守鸿沟之约,表明他重小信而自欺。纵观项羽在楚汉之争的表现,是一员勇将、猛将,能称雄于一时,确实不是统帅之才,既不能建立牢固的后方,也不能和睦部下,使众心归一。他的措施往往给刘邦以可乘之机,造成将士离心、诸侯外叛。

《史记》中司马迁用如椽之笔描绘了项羽几次作战的状况,巨鹿之战九荡九决;彭城之战以少胜多;成皋之战楼烦避之;垓下之战溃围,斩将,刈旗。带人追赶他的赤泉侯被他瞪了一眼竟吓得退避数里之遥。从这些描写中我们能看到项羽是武功出众的悍将,是成功将武术用于军事的强者。

韩信认为,项羽是"匹夫之勇"和"妇人之仁"的结合。郭嘉认为项羽"恃勇无谋"。勇是项羽持之起家的本钱,也是武士驰骋疆场、临敌制胜的盖世之气,因己勇而轻人之勇,对内则失可用之人,对外则驱勇士为他人所用。项羽以一人之勇对天下之勇,失败时还要感叹"天亡我,非用兵之罪也",至死不悟。苏洵认为项羽有"取天下之才,而无取天下之虑",即项羽有夺取天下的才能,而没有夺取天下的谋略,准确地给项羽作了历史的定位。

七国之乱说刘濞

刘邦建立西汉后,与民休养生息,短短几年使国家从秦末混乱局面走向安宁。汉高帝十一年(公元前196年)秋,英布造反,"东并荆地,劫其国兵,西度淮,击楚"。汉高祖亲自率兵征讨,他的侄儿刘濞,以骑兵将领的身份跟随高祖,征讨英布。在蕲西会战中,刘濞率兵冲锋在前,击败英布。因此战功,刘邦封刘濞为吴王。

刘濞"拊循其民",推行高祖的十五税一政策,使吴越之地富足不下于关中。刘濞生财有道,利用豫章郡(今南昌)的铜矿,私铸钱币,又煮海水为盐,销往外地。钱财集聚丰裕后,刘濞"招致天下亡命者",已有不轨之心。"亡命者"在汉初不外乎是三种人,其一是韩信、彭越、英布被打散的部众,其二是杀人掠货的盗贼,其三是小有才干得不到朝廷任用,投奔藩王希图富贵者。这三种人中习武者甚众,刘濞对武士的选拔非常严格,除较力、较射之外,还要考核驰骑之术和格斗之术,对考核者按其能力高下分别授予俸禄。形成了有军队之实,无军队之名的王国地方武装,他在等待时机。

汉文帝时,刘濞派其子刘贤到长安名义上是朝见和侍奉皇帝,实际上是让刘贤窥探朝廷动向。刘贤在与皇太子刘启的饮酒赌博中表现出不敬太子的狂躁之相,被刘启用棋盘打死。文帝为息事宁人,"遣其丧归葬"——这也是汉文帝对刘濞的试探。这一试就让刘濞露出了原形,刘贤尸体运到吴地后,刘濞气愤地说"天下同宗,死长安即葬长安,何必来葬为!"命令将刘贤的尸体运到长安安葬。谋反之心与杀子之仇纠合在一起,促使刘濞进一步准备谋反。在财政上加紧开发铜盐,不征收赋税,来收买人心。在人才选拔上,除了重视亡命之徒的收罗外,还"岁时存问茂材",对文人也予以重视。至于从其他地方流落来的犯罪之人,他一概保护,不许外地官吏搜捕。经30余年准备,势力越来越强大。

汉景帝削藩,刘濞迅速派人联络胶西王刘印,刘印派使者联络齐王、淄川王、胶东王、济南王、济北王,一同造反。刘濞在吴地征集十四至六十二岁的男子,共二十万人,并让闽越、东越发兵随从。"七国之乱"震惊朝廷，景帝用将军周亚夫率三十六将军征讨叛军，因战略得当，"七国之乱"被迅速平定。

"七国之乱"是封建制与郡县制并存产生的恶果，刘邦是恶果的培植者，刘濞是恶果的受害人。但他收集流亡者的举动，使武术在吴越之地得到广泛地传播。有趣的是，刘濞收罗了那么多武人，偏偏没有江淮最有名的武士剧孟。周亚夫说"吴、楚举大事而不求剧孟，吾知其无能为已。"可见武人中也有具备政治头脑的佼佼者。

凌公豪风后人继

孙策在传位于孙权时言"举江东之众，决机于两阵之间，与天下争衡，卿不如我。举贤任能，各尽其心，以保江东，我不如卿"，孙权在集思广益、举贤任能上确有一套。他充分利用地方豪强势力，在唯才是举的前提下，敢于用而信之，允许这些人才有自己的私人武装。

东吴陆逊认识到豪强大族组成武装队伍，依山阻险扰乱地方。陆逊采取查户整顿的方法，将其中的精壮招募为部曲（私兵），其他则用于屯田。陆逊在平定会稽有山贼大帅潘临时，私兵已达2000余人。陆逊协助吕蒙攻下荆州，又在猇亭火烧连营战败刘备，军功累累，其私兵人数也增至万人。陆氏家族就此成为东吴政权的有力支撑，其子陆抗是东吴最后一位名将。三国时期东吴不少军事人才是子承父业，与陆氏家族拥有私兵相似的是凌氏家族。

建安八年（公元203年），严白虎据守吴郡，自称东吴德王，当地人凌操、凌统父子率领百姓杀败严白虎兵匪。严白虎奔逃余杭，孙策收了凌操父子，封凌操为校尉。凌操轻侠有胆气，每次从征，经常作先锋。在与山越作战时，战功显赫，迁升为破贼校尉。随孙权讨黄祖，最先进入夏口，斩杀黄祖的先锋。由于轻敌，被黄祖部将甘宁射死。

年仅十五岁的凌统，被孙权拜为别部司马，行破贼都尉，代其父统领原有兵士。赤壁之战时，凌统在乌林阻击曹军。在逍遥津之战，凌统和亲兵三百人救孙权出了围，魏军破坏了桥梁，只剩下两条板子，孙权快马跳过桥，凌统却转回迎战，左右的人全都阵亡，凌统也受了伤，还奋力杀死

「凌统」

几十个敌兵，一直到估量着孙权脱了险，凌统才肯退下来。孙权上船后，见到凌统还活着，大喜，凌统痛心于亲随战死，孙权用自己衣袖给凌统擦干眼泪，对他说："公绩，死的已然死了。只要有你在，还怕没有人吗？"回到吴国，任为偏将军，给他增加了一倍兵士。

后孙权让凌统驻兵余杭、由拳。凌氏族人及依附农民，均迁居此地。凌统领军民挖塘河，大开稻田。凌统领军民所挖的塘河，后人称为"凌公塘"，距今已有1700多年历史。

凌氏父子并不像陆氏家族那样擅长军事谋略，而是凭仗自身勇武和私兵的训练有素，直接参加战斗，多立军功。史载凌统尊贤下士，抚爱部众，这是在三国乱世拥兵的地方豪强能延续其势力，保障其家族的重要品德。凌统欲为父报仇，被吕蒙及孙权劝阻。几天后凌统与乐进作战，曹操指使曹休暗箭射中凌统战马，危急时甘宁一箭射中乐进门面，救了凌统。自此与甘宁结为生死之交，再不为恶。习武之人的开阔心胸使他们能化敌为友，解祸成祥。

北府兵卫吴越地

两晋南北朝的门阀制度形成了腐朽的士族阶层，这个阶层生活放荡，清谈成风，自以为放达人生，实际上已成为社会蠹虫。在这动乱的历史时期，真正能担当守土卫国之责是出自寒门的习武之人陶侃、刘牢之、刘裕。

刘牢之曾祖父刘羲，以善射著称，曾任北地、雁门太守。父亲刘建，有武将才干，官至征虏将军，以勇猛雄壮著称。尽管数代均为武将，依然改变不了其寒门身份。

太元二年（公元377年），谢玄奉谢安之命，镇守广陵。谢玄招募北方流民中勇壮威猛之士，组成"北府兵"。自幼习武的刘牢之与何谦、孙

吴越武风代承继

无终等人抓住了这一建功立业机会，投入北府兵。谢玄在考校了投军之人的个人作战能力和军事谋略后，将刘牢之任命为参军。刘牢之在讨伐几次民变的小规模战役中充任前锋，因指挥得当和临战时冲锋在前、锐不可当，深得谢玄信任。

太元三年（公元378年），苻坚部将句难率兵南侵，谢玄率何谦等迎战。刘牢之则在盱眙一带夺取句难的辎重及运输船只，战后以功升任鹰扬将军、广陵相。这次战斗奠定了他在北府兵中的核心地位，为他在淝水之战中成为仅次于谢玄的将领创造了条件。

太元八年（公元383年）十月，东晋龙骧将军胡彬被前秦军包围在硖石且军粮已尽的情报被前秦军掌握。十一月初，前来救援的刘牢之率五千精兵强渡洛涧，亲手宰杀前秦大将梁成。趁前秦军失去指挥，断其归路，两路夹击。梁成军全军覆没。

刘牢之在洛涧之战的当机立断和冲锋在前的个人品质，为他后来代替谢玄在北府兵中的地位奠定了基础。随后刘牢之在淝水之战、平孙恩之役中均建大功，在谢玄死后，成为北府兵统领。刘牢之军事才干高，政治上却被人玩弄。在桓玄谋反时，为桓玄巧言所惑，当战不战，致使桓玄被迫自杀。

寒族武士刘裕因刘牢之自杀，约集北府兵旧部，和何无忌、刘毅等人于广陵（今江苏扬州）、历阳（今安徽和县）、京口、建康四处举事，克期齐发。仅经过一个多月的激战，迫使桓玄西逃，桓玄为益州都护冯迁所杀。不到一年时间，刘裕掌握了东晋的军政大权。与刘牢之不同的是，刘裕出身民间，未发达时饱尝艰辛，深知百姓疾苦。大权在手，采取了重用寒族、抑制士族豪强，调解北方流民与南方原住民的土地矛盾，用刘宋取代了东晋王朝。

> 刘牢之、刘裕均无显赫之家世、政坛之靠山，凭借真刀真枪、武功谋略，浴血于沙场，驰骋于战阵，立功于当代，昭名于后世。战乱时代是习武之人建功立业的机会，"秀才造反，十年不成"并非轻视读书饱学之士，而是时势选择了能靖难守土的武士。

江都兵乱龙蛇起

习武之人重义，尤其重于报恩。隋朝末年，一位杰出的吴兴武士沈光，囿于个人报恩，而为千古暴君隋炀帝效死，成为后世告诫习武者要有是非辨别能力的事例。

沈光，字总持，年轻时骁勇敏捷，善于赛马，为天下第一。大业年间（公元605—618年），隋炀帝为征高丽招募勇士，沈光在考校时力压万人，被选中后，跟随隋炀帝攻打高丽。在战斗中舍身冒死，临危不退。炀帝看到他的豪壮勇敢，赏赐宝刀、良马，任命他为朝请大夫，亲之信之。

隋义宁二年（公元618年），隋炀帝在江都被宇文化及杀害，沈光暗中与麦孟才、钱杰等人图谋铲除宇文化及，为炀帝报仇。因机密泄露，宇文化及派司马德戡率兵捉拿沈光等人。沈光等人均血战而死。

李延寿在《北史》中写道："孟才、钱杰、沈光等感怀恩旧，临难亡身，虽功无所成，其志有可称矣。"沈光可以称为勇士，却不可称为义士。

杜伏威同样习武，却走上了一条完全不同的道路。杜伏威年仅十六岁就在山东章丘当了山贼。在隋末农民大起义的浪潮中，杜伏威因其英勇善战，且能驾驭部众，迅速将势力扩大到南方，组建了江淮军。因李子通突然发动兵变，杜伏威措手不及，全军大乱。经过半年的恢复，杜伏威又有了数万人的实力，并以江都附近的六合县作为根据地。隋派出大将陈陵带八千精锐讨伐杜伏威，杜部连连失利。由于炀帝荒于朝政，百姓无以为生，"诸物皆尽，乃自相食"。为死里求生，百姓不得不反。杜伏威趁机扩大队伍，与陈陵强弱之势颠倒。杜伏威派使者给陈陵送了一套妇女衣裳，并送了陈一个外号叫陈姥（陈老太太）。陈陵怒火中烧，全军出战。这一仗打得十分激烈，杜伏威亲自上阵，不小心被一员隋将暗箭射中，杜怒吼说"不杀汝，矢不拔！"然后就像夏侯惇一样直冲过去，把那吓呆了的射手斩于马下。陈部士气大挫，被打了个全军覆没，"陈姥"单骑逃回江都去了。杜伏威趁势扩大战果，占据了高邮、历阳等重镇。杜伏威自己习武，也注重招募和厚待武士。他从部队中挑选最精锐的成员组成自己的卫队，称为"上募"，兵力为五千人。他把上募作为自己的子弟兵，平时非常宠爱，但要求也非常严酷，每作战必以上募为先锋，战后检查每人身上的伤痕，如伤在背后，即刻处斩。每次战胜，杜伏威都把抢掠的资财赏给全军，如果手下战死，就以死者的财产甚至妻妾殉葬，因此杜所部皆为杜尽死力，人自为战，所向无敌。

> 杜伏威是武士之能者，起之甚暴，缺乏经略天下的志向和政治远见，不得不归顺于唐。因其部下辅公祏欲叛唐自立，杜伏威受牵连而暴毙。马上可以得天下，而不可以治天下，隋末农民起义之领袖大多走上了这条道路。

习武自有用武地

"朱李石刘郭，梁唐晋汉周。都来十五帝，播乱五十秋。"五代之乱，祸烈于"八王之乱"。"八王之乱"是皇族内讧，主事者非官即僚；五代之乱是异姓争权，主事者非军即匪。例如梁太祖朱温宋州砀山（今安徽砀山）人，自幼"勇有力，尤凶悍"，"不事生业，以雄勇自负，里人多厌之"。参加黄巢起义后，作战勇敢，后投降唐朝，在羽翼丰满后灭唐建梁，可称为军匪合一之开国皇帝。

五代开国君主如此，十国君主也都有过为军为匪的经历。如前蜀开国君主王建，年轻时是一个地地道道的乡间二流子，贩卖私盐，偷盗耕畜，匪号"贼王八"，后投唐军得以创业。

南吴杨行密幼时丧父，家庭贫困。为人高大有力，能手举百斤，一日可走三百里路。他在从军戍边期间结交了田頵、陶雅、刘威、徐温、安仁义、朱延寿等"三十六英雄"。他们都有习武经历、当私贩的经历、为匪的经历，共同的经历使杨行密能笼络住这些人，并能择才用之。以"三十六英雄"为核心，杨行密很快形成自己的军事集团。

杨行密具有敏锐的政治头脑和组织才干，其政治头脑表现为能根据形势的变化来决定军事打击对象。初起兵，其打击对象主要为唐朝地方官吏秦宗权、毕师铎、孙儒，因此拉拢朱温和钱镠。在唐朝地方官吏覆灭后，就将矛头指向极力南下的朱温。五代时期，中原与南方的界线就是由杨行密政权划定的。对钱镠则采取"稍示以兵威，进而不攻"的威慑战略。杨行密起自盗匪，在拥有地盘建立政权后，最重要的政治措施就是剿匪，"乃以田頵为八营都将，陶雅为左冲山将，讨定乡盗"。

在组织管理上，杨行密根据利益的变化和分配随时调整自己的集团，依靠"三十六英雄"起家，当"三十六英雄"中的田頵、安仁义、朱延寿猛悍难制，想要独立时，杨行密毫不犹豫，以军队消灭田頵、安仁义；以装眼盲蒙哄朱延寿，趁机刺死。

> 先造反为匪，后起兵为乱，从杨氏政权脱颖而出的徐温最开始也是杨行密的"三十六英雄"之一。徐温贩盐为匪，随杨行密起兵为乱。五代时期"要称王，习武为匪再从军"与宋代谚语"要当官，杀人放火受招安"倒有一比。

胆为拳先是缩山

元末浙东义军首领方国珍有习武贩盐之经历，"身材高大，力赛奔马"。元至正八年（公元1348年），方国珍的仇家告发方家通寇，方国珍杀死仇家，与其兄方国璋、其弟方国瑛、方国珉逃亡海上，聚集数千人，抢劫过往船只，阻塞海路，真正当了海匪。行省参政朵儿只班率军征讨，兵败，被方国珍所捉。方国珍迫使其请命于元朝，授他为定海尉，不久起义，进攻温州。

方国珍凭借险要的地势和精习武艺的义军，屡败官兵的进剿，在台、温、庆三府保境安民20年。他重视士兵的武艺，并根据当地武术的特点，结合自己的实战经验创造了一路拳术——缩山拳。

缩山拳宜于山地间，舟船上空间狭小处施展其击技，特点是以身带手，击中带缠，连续发劲，刚柔相济。台州民间也因习武者众，不乏高手，故民风彪悍，好勇斗狠，缩山拳也因此有"胆为拳先"的鲜明特征。"缩山步""以刚为本，劲从刚生"，以半马步为主要步型，低伏稳健，进退自如，慢时如千斤重坠、趟泥而行，疾时猱身而上，快疾如风，变化莫测，可

「缩山拳」

闪展腾挪于卧牛之地，局促之间。由于缩山拳实战性强，水陆兼用，故在浙东沿海之地习练者甚众。

明朝，设台州卫、海门卫、松门卫，均在台州附近，故卫所兵丁多习缩山拳。军中所习练，民间效仿，缩山拳逐渐流入民间。戚继光在镇守台州时编著的《纪效新书》中"拳经捷要编"所载"三十二式击技法"里吸收了缩山拳的拳步法。后用来训练在辽、蓟一带募集的三万士兵和在浙江招募的三千士兵。从此缩山拳换了一个名称，开始在北方流行。在明末，祖大寿等人在投降清朝后，又将"三十二式击技法"传授给清兵。多尔衮之弟多铎属下之清兵均习练过此"南蛮子的武术"。

缩山拳在明清之际广泛流传于台州及金华、绍兴、宁波等地区，临海人朱其昌擅长缩山拳，曾登光绪十七年（公元1891年）辛卯科武进士。民国时期缩山拳在台州的临海、天台一带流传，代表拳师为临海人陈士华，他少年时拜朱其昌为师，精通缩山拳等拳、械套路，后任宁波国术馆教练。据历史记载，民国时期在杭州举行的国术游艺会上，47岁的拳师章选青缩山拳表演毕后，竟在水泥擂台上留下一个个的脚印，全场观者无不愕然，停一刻始掌声雷动。

据1986年浙江省地方拳种普查，缩山拳仅流传于台州，尚有14种徒手套路，4种器械套路：长凳、刀、棍、剑。缩山拳攻多守少，步步涉险，险中求进，险中求稳。

> 南拳五诀要求："一要眼尖，二要手捷，三要胆稳，四要步坚，五要力实。""胆稳"被纳入了其中，可见古代武术对胆气的注重。缩山拳对胆量的要求更高，今天缩山拳传人周志威说"练这个拳有个说法叫练拳先练胆。在搏击中，面对对方的进攻，冷静无畏，以更有力的进攻取胜。"

抗倭俞戚重武林

明嘉靖年间，倭寇对东南沿海屡屡骚扰，除阻截海上交通、抢劫船只、掠夺财产、伤害人命，更为严重的是，占据海岛，建立巢穴。在明朝平定倭寇的战争中，戚继光、俞大猷累建功勋。

戚继光将招收的"绍兴兵""义乌兵"，严加训练，形成戚家军。戚家军演练的武术在江浙一带广为流传，温州南拳、天台南拳、金华南拳等拳术与戚家军不无关系。在武术套路上，戚继光根据其他拳种的套路，总结出"三十二式长拳"。1929年"国术游艺大会"上，瑞安选手表演的"六步拳"，经黄元秀考证后发现是戚继光所创，失传了300多年后重现的。少林棍实际是俞大猷所传的"太祖盘龙棍"。在浙江流传的"刘将军刀法"也是浙江抗倭名将刘云峰融合壮族瓦氏夫人所率"壮刀队"所演刀法而成。萧山的沈云英用家传"沈家刀法"杀敌立功，被封为"昭武将军"。

戚继光、俞大猷等人用其练兵活动推动了武术技术发展，还从理论上对武术理论进行了提升。唐顺之（江苏常州人）的《武篇》、戚继光的《纪效新书》《练兵实记》、

「温州南拳」

俞大猷的《正气堂集》都是总结浙江抗倭战争中所著，浙江郑若曾的《江南经略》、余姚何良臣的《阵记》《利器图考》、浙江解元何水法的《武备志》、永康人茅元仪的《武经总要》、黄宗羲的《王征南墓志铭》及其子黄百家的《王征南先生传》《内家拳法》等，这些著述给中华武术的发展提供了坚实的理论基础。如戚继光的《纪效新书》中明确指出，以往的武术传承因无理论，故"虽各有所取，然传有上而无下，有下而无上，不能竟具奥矣"。朝鲜在戚继光的《纪效新书》基础上编成《武艺图谱通志》，日本还以《武术早学》《军法兵记》《兵法奥义》等不同书名出版此书。

> 明朝时，杭州人陈元赟几次东渡日本，在那儿收徒授拳，成为"日本中古柔术之祖"浦义辰之师，至今仍在江户有碑称"柔道之有始乃明人陈元赟之授也"。原善公道《先哲丛谈·陈元赟传》称："此邦拳法以元赟为开祖矣。"明末清初，余姚人朱舜水反清失败后，流至海外，后定居日本，主持编写了《大日本史》，传播中华文化和武术。
>
> 抗倭斗争使江浙形成民间习武之风，也在这一时期促进了武术理论的发展与提升。这一时期的武术理论著作向海外传播，对当地民族武术发展起到促进作用。

负海控江船拳奇

武术因实用而产生，因环境差异而形成不同的格斗技能。江浙多水，盛行舟船，故而兴起船上格斗之术——船拳。

船拳，亦称"桌拳"，顾名思义是在船头方寸之地演搏击的拳术。相传清朝，当地以捕鱼捉虾为生、世代居住在船上的渔民为了强身健体及防止强盗的抢劫，创造出这套拳术。

江南船拳一般包括拳操和器械演练两种。拳操打法独到，讲究低架活步,击打紧凑小巧,精于手肘、腿部的来留去送。牛角镋舞是器械演练的"拳头"项目之一,运用牛角镋作为兵器,在2平方米不到的摇晃的船头上来表演的武术套路,其身形、步法独特,"一脚踩中心,牛角舞头顶",势势相连、环环相套。

「船拳器械牛角镋」

昔日,青浦百姓开门见河、出门动橹的生产生活环境,造就了船拳的特殊地位,并成为民间文化的一朵奇葩。每逢节庆、祭祀、庙会等节点,万人空巷,拥挤在漕港河看"打船拳"。特别是农历七月廿七,渔船从三官堂庙烧香回经朱家角,拳师们轮番表演"杨家短打""岳家拳二进""六进"和"五虎拳"等,既丰富了民众的文化生活,也发展了武术文化。

2010年,江南船拳被列为青浦区非物质文化遗产保护项目,朱家角和华新两地制订五年计划,镇文体中心全面负责实施对项目的挖掘、保护、传承,建立了江南武术馆、少儿武术班等传承基地。朱家角镇林家村还成立了牛角镋武术队,定期训练,在各类文体活动中登台表演,传承推广这一民间绝技。经过挖掘、整理、创新,近年来,朱家角武术队更是走出国门,应邀到新加坡、韩国等参加参加文化交流,获得多项荣誉,江南船拳由此声名远播。

船拳根据在河渠纵横交错的水道表演的特点,兼收各派之长自成一脉,具有体用兼备、内外兼修、短兵相接、效法水战、刚劲遒健、神形合一、步势稳烈、躲闪灵活的特点。进攻时出招敏捷,收招迅

「船拳」

速；防御时以手为主，似开似闭，以身为轴，原地转动。船拳十分注重腿部、臀部和腰部的运动，步法极重马步，以求操拳时稳健，经得起风浪颠簸。腿部是发力的重点，故十分重视转腰、甩腰、下腰的动作。为进退自如，船拳十分重视马步转弓步，弓步转马步的动作，以体现进则带攻，攻则带躲闪的特点。金庸根据对家乡武学文化的理解，浓墨重彩描述的"江南七怪"，以及他们所使用的七件独门兵器，都明显带有南方武术的特色。飞天蝙蝠柯镇恶所用之暗器"铁菱角"，正是船拳练习者所用的暗器之一。

融古汇今展新迹

随着对非物质文化遗产的重视，江浙地区对地方武术进行了史料的整理、资料的汇编，并组织人力物力对传统武术进行教授。江苏太仓市对唐手的传承和普及做了大量有益的工作。

唐手以掌法为主，擒拿见长，拳法腿法肘法辅助攻击，实用性强。唐手拳结构紧凑，演练起来脆快刚劲，跺脚发音，节奏分明，气势磅礴，令人赏心悦目。唐手拳创立之初，人们用它搪挡御敌，积累了一些实用的制敌招法，故称之为"搪手拳"。据考，此拳流传于湖北天门、京山一带，在唐朝大为盛行，简称"唐手"。唐手是一种非常霸气的武道，讲究快速干脆，及攻击的杀伤性，往往有一击必杀之说。

唐手第十五代代表性传人彭碧波在苏州、太仓成立了唐手武术文化研究会。为了推广唐手，苏州和太仓开展"中华武术进课堂"项目，将唐手作为学生体育课内容，以期增强学生身体素质、真真切切传承民族文化、增强中华民

「唐手招式」

族凝聚力,让古老的武术为当代青少年服务。同时彭碧波在每周一、三、五上午都要训练警务特勤人员擒拿格斗,为维护社会治安的稳定做力所能及的贡献,让唐手拳发挥正能量,让古老的唐手服务当代社会。通过在香港、澳门等地的武术表演及比赛,唐手已得到武术界广泛认可。

义乌武术的历史源远流长,三国时期东吴左将军骆统,宋代抗金名将宗泽,明朝时的抗倭将士陈大成、王如龙以及朱文达等人,都是赫赫有名的义乌武术家与名人。陈大成,义乌倍磊人,以勇悍知名,戚继光到义乌募兵,陈大成率子侄应募入伍,训练后防守台州。1561年4月,倭寇进犯台州花街、白水洋等处。戚继光调遣大成督领王如龙、陈子銮等冲锋陷阵,俘斩倭寇140余人,救回被掳男女两三千口。次年,倭寇侵扰太平(今温岭市),又率军大败倭寇于乌根岭水涨地方。1563年,福建宁德、福清等县被倭寇侵陷,陈大成随戚继光驰援福建,克复城濠。所部先后取得12次大捷,倭寇悉平。因战功显著,授台州卫指挥佥事,继升浙江管理中军都司。

「义乌武林大会」

浙东流传着"兰溪埠头,萧山哺头,义乌拳头"的说法。"拳头"即是武术的民间说法。义乌民间武术内容十分丰富。东乡地区的拳术刚劲有力;西乡吴店与义亭地区讲求实用;北乡苏溪与新厅一带讲究刚柔并济;南乡佛堂一带则是架子好看。义乌大力开展武术运动的普及与推广,使武术健身活动成为全民健身的重要内容。积极发挥竞赛杠杆作用,开展武术比赛,义乌武林大会、义乌青少年武术套路锦标赛、义乌散打对抗赛、太极拳比赛等已经成为一年一度的传统比赛。义务还积极利用场馆优势,争取更多的国际、国内高水平武术赛事,促进武术产业发展。

武术之根在民间,江浙通过将武术与全民健身相结合,将武术文化的土壤变得更深厚、更肥沃。

历代宗师各扬名

历代武术宗师和习武有成的武林中人,往往为其崇拜者追捧。在社会传闻中,他们往往被传奇化,导致武术也被蒙上一层神秘的色彩。不利于武术文化向世界传播,也不利于对武术进行科学研究。

根据史籍所载,结合部分野史和民间传说,将长江流域在创立武术门派的宗师们和在武术传承上卓有贡献的人,作一粗浅的介绍,使广大武术爱好者能在了解他们生平事迹的同时,真正认识到创造中华武术的是人,继承中华武术的也是人。让当代的中国人用正确的观念将武术文化发扬光大。

三丰人奇事亦奇

湖北武当山在明代被皇帝封为"太岳",明成祖耗国家巨资大修武当,其政治作用远在宗教信仰之上,被誉为"亘古无双胜境,天下第一仙山"。武当山不仅拥有奇特绚丽的自然景观,而且拥有丰富多彩的人文景观。历朝历代隐居修道者不计其数,相传东周尹喜,汉时马明生、阴长生,魏晋南北朝陶弘景、谢允,唐朝姚简、孙思邈、吕洞宾,五代时陈抟,宋时胡道玄,元时叶希真、刘道明、张守清均在此修炼,最有名望的道士无过于内家拳创始人张三丰。

张三丰有的书上写作"张三峰"。有关张三丰的传说非常之多,张三丰卒于何时,也无从考证。

史载张三丰:"颀而伟,龟形鹤背,大耳圆目,须髯如戟。"据《明史·张三丰传》载,张三丰是辽东懿州人,幼年、青年的他情况一概没有说,只写了张三丰成名后的行止。传中说张三丰无论寒暑,都只是一身破衣服防风挡寒,一个旧蓑衣经霜遮雨。张三丰不大注重仪表,也不很讲卫生,经常穿得邋里邋遢,被称为"张邋遢",或者"邋遢道人"。

他喜欢云游四方,常常是居无定所,高兴时穿山走石,疲倦时铺云卧雪。或处穷山,或游闹市,嬉嬉自如,旁若无人。

> 另外张三丰武功卓绝也是有记载的,据说他悟成太极拳后,曾"以单拳杀贼百余,遂以绝技名于世"。这是历代道家高人中唯一显示过武功的记载。如果属实,张三丰的武功似乎较武侠小说中的描写尚有过之,凭单拳就打死上百个贼人,比之降龙十八掌、大金刚拳丝毫不逊色。

张三丰在武当山创内家拳后,不少人慕名拜师。内家拳从明初渐为人知,明中叶后广泛流传。

过了一段时间,张三丰又飘然而去,在陕西宝鸡的金台观逗留了不少时间，据说张三丰（也名三峰）的名号就是见到宝鸡山三峰挺秀而来的，金台观现存《张三丰遗迹记》一碑，为明朝时陕西参政知事、吏部右侍郎张用浣所立。张三丰在宝鸡时，据说曾"死"过一回。《明史》和《微异录》记载

「金台观」

有一天，他对门人杨轨山说："我命数已尽，归天有期。"遂留颂辞而死。轨山和人们用棺材盛殓了他后正要下葬，却听得棺材里有活动的声音，开棺一看，张三丰又乐呵呵地爬出来了，惊得众人有的哭，有的叫，有的目瞪口呆，都以为闹鬼炸尸了呢。这大约是张三丰有意展示内家气功。

朱元璋下诏让他入朝，张三丰未至。皇帝再三下诏，颁诏的使臣根本找不到他。朱元璋的儿子湘王朱柏听说他的名气，亲自到武当山来寻找，但只看空山漠漠，林海莽莽，就是没有张三丰的踪影。

现在游客登武当，不少向往武术的人都希望能在峰回路转处遇见这样一位老道。其实，梦想不必成真，只要内家拳还在流传，不妨从其动作中去领会张三丰修道的真谛吧。

内家入浙张松溪

据黄百家《王征南先生墓志铭》载，张三丰的内家拳最先传授给陕西人王宗，温州人陈州同拜王宗为师，内家拳从此流传于温州。孙十三老师从陈州同，授徒张松溪。张松溪是嘉靖年间内家拳最著名的传人，他只有三四个徒弟，其中练得最好的是四明人叶继美（字近泉），得到叶继美传授的有吴昆山、周云泉、单思南、陈贞石、孙继槎等人，王征南是单思南的徒弟。

张松溪外貌朴实儒雅，接人待物谨慎谦和。有些人听到他的名声，向

他求教拳术，他总是谦虚地推辞。宁波籍名将万表招募少林僧兵抗倭。少林僧闻知张松溪的大名，便有七十人到宁波要见张松溪，张松溪避而不见。在门人们的恣恿下，张松溪悄悄来到少林僧兵借寓的酒楼，见僧兵习拳不觉笑出声来。僧兵们知道他就是张松溪，要求比试。他说："如果一定要比试，必须由里正作见证，定下生死约定才行。"僧兵答应了他。里正监督双方签字画押后，"松溪袖手坐。一僧跳跃来踼。松溪稍侧身，举手送之。其僧如飞丸陨空，堕于楼下，几死。众僧始骇服。"

> 张松溪外出踏青，回城时一群青年人买通守城门的兵丁，不许他进城，并且围着他下拜说："您现在是回不去了，希望您露一手给我们看看。"张松溪推辞再三，实在无法拒绝，就答应了他们的要求。城门口有许多石块，每块重数百斤，张松溪让他们把石头堆起来，堆起来后不稳定，张松溪用手扶着石块，用瓦片垫稳，又在石堆上加了一块，笑着说："我是70岁的老人了，也没有什么用了，如果一掌能劈到底，让你们高兴高兴，行么？"于是举起左手，侧身一掌劈下，三层石头都裂为两半。

张松溪习武有五字诀："勤、紧、径、敬、切"。"勤"是指要早晚勤练。"紧"是指两手常护心胸，左右手要保护住腋下。"径"是指后发制人，不动则已，动如脱兔，冲上前后要全力以赴，对准打击目标，不要移动。"敬"是指自己约束自己，不要炫耀武功，外表要"温良俭让，不伎不求"，大约是俗话说的"真人不露形"吧。"切"是指"千忍万忍，掐指咬齿，勿为祸先，勿为福始。勿以身轻许人。利害切身，不得已而后起。一试之后，可收即收，不可复试。虽终身不见其形，不成其名，而亡所悔。盖结冤业者，永无释日。犯王法者，终无赦期，得无慎诸。"

张松溪终生未婚，侍母极孝，且习武修道为乐，不求仕进。连官府请他训练士兵，他都推辞，严格遵守师门之戒，择徒甚严。正是由于他选择徒弟的标准高，教授得法，四明内家拳才能流传于世、发扬光大。

凤池侠名入方记

> 甘凤池是位名震四方的江湖大侠，吴敬梓所著《儒林外史》中的义士凤四老爹写的就是他。甘凤池原是南京人氏，自小父母双亡，自幼不喜读书，却爱好武功，结交江湖侠客，十几岁时，就以"提牛击虎的小英雄"名扬江南，《清史稿·甘凤池传》说他勇力绝人，能提牛。

甘凤池为习武艺不惜耗费家产，《清稗类钞·技勇类》中的《甘凤池拳勇》和《清代述异·江南北八侠》所载，甘凤池为清康雍年间江南武术大师，早期拜少林寺僧朝园和尚练少林功夫，后又拜峨眉高僧了空大师学习内养之功，成名后又向武友山东泰山孙迪侯"求引气之药诀，来弥己之不足"。嗜武成痴，甘凤池师门甚多，故而同时代的习武者都认为甘凤池精通内、外家拳法。

《技击余闻补》载："凤池，江宁县人，其人有欲试其技者，令祖臂横肱小门口石道中，驱牛车数十轮，绝肱上过，无纤痕，不论创也。观者骇服。饮之酒醉，与人较艺，倒植长颈酒瓮于地，一足立，用两指持一竹竿，令众数十曳之，屹然不动，忽骤松其手，曳者咸倒地。偶出行，见两牛斗田畔，角交不解，牧人欲制之而无术。凤池徐以手压牛背，两牛皆陷入地数尺，辗转不得动，怒目视。徐提出之，若鸡雏然。其勇力绝人有如此。凤池体不逾中人，然手能破坚，握铅锡如搏沙，辄化为水。宜其手所抵击。无不立碎者。"其显示武术的方式均是以柔克刚，与内家拳术相同。

甘凤池曾周游各地，将各地的山川关隘、险要形势、攻守机宜，写在本子里，以便为之后驰骋疆场做准备。他第一次参加的反清活动是康熙四十六年（公元 1707 年）的一念和尚起义。一念和尚的起义被扑灭后，甘凤池被牵连，经朋友向官府求情，被释放回家。不久，甘凤池又参加了以张云如为中心的反清复明组织。该组织在雍正时被李卫破获。

传说是甘凤池被李卫诱捕后,从狱中逃脱。在成书于乾隆时期的《巢林笔谈》中还提到:"甘凤池辈日从事于暗杀,清廷虽极力搜捕,不能止"。

还有一种传说是甘凤池后来对反清之事灰心失望,退隐家中,教授子女门人,活到80余岁。清人王友亮著《甘凤池小传》说,他年80余,死后葬在江宁凤台门,墓碑上镌文"勇士甘凤池之墓"。

作为武术家的甘凤池,在武术事业的传承发展中无疑起到了极为重要的作用,后人将许多游侠故事加之于他身上,不过是一种美好愿望的寄托。

峨眉司徒当存疑

据《峨眉山志》载:"司徒玄空,姓白,名士口,字衣三,仿山中灵猴的姿态创'峨眉通臂拳'",这是有史记载的中华武术第一人;因其爱穿白衣,弟子尊称其为"白猿祖师"。据《越绝书》载,"猿公"曾用其所创剑法与越女斗剑,这位"猿公"大约就是司徒玄空。

司徒玄空的来历另有一说:宋时峨眉山有异人者,姓司徒,名玄空,人称白猿道人,秉石室华山道人陈抟之二十四式修真法,效猿之长臂为形,仿猿之灵快为意,化而成拳。名曰"通背拳"。通者,通达也。"非神而不能通,非化而不能达,神化之功,方得通达之妙"。乃通三关,达九窍,贯通十二周天之意。三关者,三田也。背者,脊背也。通背者,力由背而发,督脉在背之正中,统领诸阳经。头顶项领,阳长阴消,下气上达,背气乃发,前手递出,后肘回撞,气由背过劲摧肩,背筋通达劲贯手。任脉在前胸腹之正中,统领诸阴经,阴气前收,丹田内转,阴阳转化,神气贯通矣。这里说司徒玄空为宋时人,可能是和宋时的白眉道长及白云禅师混淆了。

另一说见之于峨眉拳谱所载:"祖师原为一道姑,后入佛门,是为道门修炼,佛门正果。是时,师善击技,喜研各家拳法,虑各家拳法繁杂,莫衷一是,女子御侮,另有不同,遂探各家之拳意,另辟蹊径,创不接手之拳法,独树一帜。仰大慈悲法力,喜龙女化身,积十三年,始臻大成。身旁弟子习之,只呼之玉女拳法,同道相誉,称曰'峨眉拳',后弟子至峨眉山，偶偕其音，始称'峨眉拳'。此拳名之始末也。恐汝不识，为汝志之，师本与世无争，娱身可以，御侮可矣，奚传姓名，不言后师，前师永存，技而晦之，自可全身。"峨眉拳高级技法用于女子防身，制敌残忍，历代传授方法注重口传、身传、正宗单传，加之门规戒律：不言师、不在人面前演艺、不与人交技、高级技法只准单练，长期以来乏人整理研究、推广启承，因而鲜为人知。"

> 这种道姑创峨眉拳法的传说应只是峨眉门众多拳法中的某一种拳法，证之以史，西汉刘邦以蜀为根据地而得天下，当地的民间武术及军事武术应达到一定高度。何况巴蜀相近，巴人习武在周朝已为中原所闻，蜀人为防御计也不可能不习武，因此，峨眉武术起源应在春秋战国前后。但司徒玄空可能是后人神而化之，创造出来的创派祖师。

普恩弘扬峨眉艺

峨眉枪法在明清枪派中占有重要地位。它的创始人是四川峨眉山普恩禅师。相传普恩遇异人授以独特枪法，他曾经两年于秘室研习，始彻悟其枪理与精义，遂挟枪技游弋武林，无有比肩者，名重一时。

普恩所创峨眉枪法的特点是不言立势，不言步法，即不论站姿如何，遇敌即可施用，不需要事前准备，不言步法指根据攻击对手的需要手顺枪动，身随手转，步随身移。根据此特点，普恩用十八种扎法作为攻击对手的枪法，"扎法十八"为单杀手扎、左右串扎、左右圈扎、穿帘扎、带扎、左右插花扎、提壶扎、实扎、回龙扎、月芽扎、子午扎、截枪扎、无中生有扎、迎枪扎、虚扎、腾蛇扎、鸳鸯扎、降扎。这十八扎涵盖了所有的方向、对手的高低位置、进退虚实、远近距离。使对手全身上下均处于枪扎之范围，所谓"攻敌之必所救，是也"。

要攻敌先护己，己立于不败之地，才能让攻击得手。普恩创"革法十二"，是防守枪法。革法也称倒手，有劈枪倒手、挑枪倒手、缠枪倒手、

「峨眉枪」

和枪倒手、流枪倒手、击枪倒手、盖枪倒手、提枪倒手、扑枪倒手、钩枪倒手、卷枪倒手、封枪倒手。倒手让枪的每一个部位柄、杆、缨（血挡）都发挥了作用。柄可以锁拿对方武器，杆可以当棒使用，缨可以转移对手视线，其防守作用落实到枪的每一个部位。峨眉枪法是实用技击性枪术，它系统合理，精妙实用，技击性强。

> 峨眉枪法理论体系较为完备，讲究用技易，练心难，强调意气力技综合发挥的重要意义，提出宜静、宜动、攻守、审势等技击战略战术法则和枪法诀要。

普恩将其枪法传于徽州程真如和月空行者，二人将这技艺风格独特的枪法带回中原进行传播。后来程真如达其义，手著成书，命名为《峨眉枪法》，传于朱熊占。朱熊占于1662年在鹿城盛辛五家中巧遇江苏太仓人吴殳，朱熊占慧眼识人，收文武兼备、年已51岁的吴殳为徒，亲传峨眉枪法并赠其书。吴殳于1678年将《峨眉枪法》收入他的名著《手臂录》使其流传千古，成为武林名枪之一。

吴殳根据峨眉枪法，创吴家枪。他对枪法的贡献在于他对步法的重视，提出了"足不可松，其妙在于活，退则以长制短，进则以短制长"的观点。他把十五种步法列入枪法技术规范之中，从而丰富了枪法技术体系的内容，增强了枪法的技击威力和枪术的实用技击价值，突出了"以攻为主"武术技击思想。

托身于峨眉枪法的吴家枪法是明清枪术大发展的产物，是中国枪术发展史上的里程碑，对后世枪术的发展与完善，起到承前启后的作用。

岳拳代有豪杰起

岳飞在荆襄地区的抗金斗争，使其训练士兵的武术流传于该地区；他被害后子孙在湖北定居，他所创武术成为家传，流传于鄂东之黄梅、广济。

据光绪《黄梅县志》记述，自南宋后期至清光绪年的600余年，武举人、武进士等多达300余人。元朝有司马大元帅陈国玉；明朝有武进士岳鸣、大都督於显；清朝有镇国大将军纪正国、松江千总曾起龙等，以外任武职、卫职的岳家拳师110余人。当代著名的黄梅籍岳家拳师不计其数，聂虎记、李耀清、李庆、柳明山、李金海、黄英球、赵正球、蔡正旺、汤三伢等是其中杰出代表。1986年4月，岳飞第27代子孙岳进（黄梅县大河镇人）在江苏徐州的全国武术观摩交流大赛中获得雄狮金奖。2007年黄梅县获得"全国武术之乡"称号。

岳家拳能在数百年历史中繁衍、发展，除了岳飞的精忠报国精神易为大众接受外，该拳种自身所具备的武术特点为其普及和发展提供了动力。岳家拳有如下特点：

「岳进」

特点一：化繁为简，易学易成。岳家十套拳法由易到难，循序渐进，每一套动作都可以单独成式，有利于初学者从头扎基。

特点二：源于实战，服务于实战。岳家拳中往往有两个、三个甚至四个动作，这些动作有明显的互补关系。每个动作都有防守空位，但配合起来则严密无比。武术师评价岳家拳"路径短、手法凶残、招招可视为绝技"。这里"凶残"二字是指对敌而言，可见岳家拳的始创目的是为了实战。

特点三：重身形灵活，重步法稳健。岳家拳以手法为主，腿法为辅。岳家拳重扎基，即通过对下盘功夫的训练，解决力量和灵活之间的矛盾。

特点四：虚实结合，虚实不定。以实战为目的的岳家拳重势，这个势

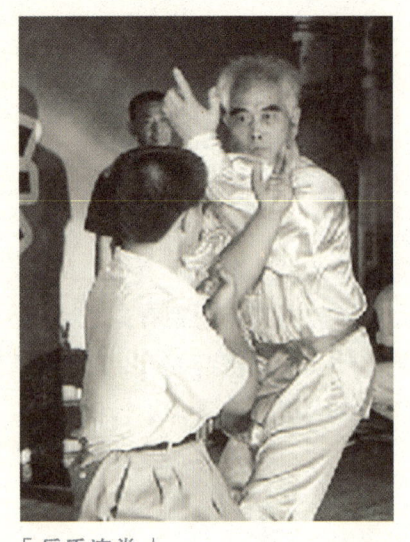

「岳氏连拳」

是必胜之势。动作简捷,是为这个势争时,步法上直来直往,是为这个势争位。争到时和位,势自然形成。

特点五:后紧前松,进速退稳。岳家拳的步法特点是脚踏中门,左右兼顾。步法则以柳叶桩为主。此步法立桩稳固,防守严密,以利击破对方突然袭击,且便于移动,既轻快又敏捷,动而不乱,以退为进,擅长进攻,能攻善守。

特点六:六合归一,以气催力。岳家拳在气息调理上的特点为:以意领气,以气帅形,以气催力。岳家拳在意与形、气与力的时间配合上,要求达到归一。归一者均在瞬间发出,而统一于动作的打击点。这样制敌于瞬间,让对手防无可防。

特点七:弘扬忠义,注重武德。岳飞一生以"唾手燕云,复仇报国"为己任,将忠于国家、忠于民族的信念,体现在对南宋君王的忠诚上。这是时代的局限,我们并不能因此而责备贤者。岳家拳与一般门派传统武德的差异是,将"忠"字置于义之上。

岳家拳是湖北省非物质文化遗产,其传承和推广均受到地方政府的重视,且民间对岳家拳所具有的特殊感情,也为岳家拳的弘扬发展创造了良好的社会环镜。

飒爽武风唐群英

唐群英是湘军提督、振威将军唐星照的第四个孩子,唐星照因自悔年少时读书少,多年征战杀戮太重,33岁时告别官场,专心在家孝亲课子。

虎父无犬女。10岁时,唐群英就央求父亲教她剑法。当时,女子都要缠足。开始,唐群英以为缠足不分男女,就忍痛接受了。没想到哥哥居然不缠,而且健步如飞,于是唐群英自己动手拆掉了裹脚布,

> 要求跟哥哥一样。唐群英既能写一手好诗文,又能骑马击剑。望着这个果敢豪迈、文武双全的女儿,唐星照感叹道:"如果是个儿子,必能光耀门楣。"唐群英听罢反问:"是女儿,就不能光耀门楣吗?"

20岁那年,唐群英遵母命嫁到邻县湘乡荷叶塘,之后有了一个女儿。在夫家,她遇到了一个对她一生影响极大的人——秋瑾。

应秋瑾之约,1904年秋,33岁的唐群英辞别故土,漂洋过海前往东京,并于第二年考入了东京青山实践女校。

在东京,唐群英经人引见结识了黄兴、宋教仁等湘籍志士,随后加入了黄兴等人成立的华兴会,成为该会唯一的女会员。1905年7月28日,黄兴带着唐群英去见孙中山。在交谈中,她向孙中山谈及自己对于男尊女卑的反感,表达了"天下兴亡,人皆有责"的主张。孙中山当即赞道,"革命首先是唤醒四万万同胞,女同胞觉醒的还很少,群英女士是第一个走进革命队伍里的女同胞,是榜样,是二万万女同胞的带头人。"

在两天后由孙中山、黄兴主持召开的中国同盟会筹备会议上,唐群英与宋教仁、陈天华等70余人一齐宣誓加入了同盟会,她也由此成为同盟会的第一位、也是最年长的女会员。在《洞庭波》(留日湘籍学生所办刊物)创刊号上,唐群英发表的"七绝八首"被革命党人传诵一时,其中两首尤受孙中山赞赏,一云"欲展平均新世界,安排先自把躯捐";一云"愿身化作丰城剑,斩尽奴根死也瞑"。

秋瑾就义的次年,唐群英回国。回国后她迅速与正在长沙秘密活动的同盟会成员陈荆(即陈癫,字树人)取得联系,联合花石哥老会,共同策划和领导了花石起义。起义失败后唐群英在黄兴的安排下再次回到东京,并就读于东京音乐专科学校作掩护。

1911年11月,唐群英率领几个女子作难民打扮,暗藏短刀、短枪,偷偷混入南京城,伺机杀死了守城清兵。之后,唐群英亲自挎着双枪带领女兵随大军攻城,两江总督仓皇出逃,南京光复。"女子北伐队"及"双枪女将唐群英"也由此声名大振。

> 鉴于唐群英的卓越功绩，临时大总统孙中山在南京接见了唐群英，并亲自授予其"二等嘉禾"勋章，称她是"创立民国的巾帼英雄"。1995年9月，联合国第四次世界妇女大会召开前夕，中国向大会推荐8位中华百年女杰，唐群英位列第四。能文能武，唐群英不负所学。

湖湘自然门派立

杜心五自幼聪慧过人，喜读诗书，爱武习武，所从武术师父甚众。七岁向武士石彪学会了"飞蝗石"，投击无不中。八岁至十一岁拜严克（慈利甘堰人）为师，学习南派拳术。因其父曾在大沽口被洋人打穿大腿，自己又目睹九溪天主教堂传教士残害群众，故在练功房贴上"练成武艺，誓杀洋鬼"字样。十二岁的杜心五去宝盖子山，向老道于虎学武当拳。十六岁时，杜心五去峨眉山，从徐矮师专攻"法于天地阴阳之理，顺乎自然规律之道"的自然门轻功。徐矮师创立自然门武术未立门派，杜心五才打出自然门这一旗号，并尊徐矮师为创派祖。

1887年，十八岁的杜心五到重庆金龙镖局当镖师，走镖川、黔、滇、桂一带。在川黔边界的深山老林中，他除掉了开黑店的大盗李老大，救出了几个被劫抢来的妇女。

1904年夏，与徐桐初、朱奎中等东渡日本。期间，曾与日本著名相扑师斋藤一郎在日比谷公园比武，赢得了柔道比赛的冠军，名噪东瀛。

光绪三十一年（公元1905年），杜心五加入了同盟会，投身反清行列，担任孙中山的保镖。杜心五在同盟会中担任保卫工作，多次为孙中山、宋教仁等人解围脱困。

1928年秋，杭州举行第一届全国国术考试。杜心五受聘为评判员，并应邀表演了"走圆场"。他先在台中央走圆圈，打自然拳，继而越走越快，忽然不见其人，只见黑影一团，像闪电一样晃动，终则戛然而止，站立不动，气不上浮，面不改色，口不喘气。观众瞠目咋舌，叹为观止。当晚，在杭州滨湖酒家出席湖南同乡联欢会，同乡们请杜表演轻功。他们叠上三张饭桌，杜一纵跳了上去，在最高层边缘打自然拳，然后如燕飘下，毫无声响。同乡们赞叹不已。

蒋介石想利用杜心五的声望和帮会势力，委以全国抗日群众动员委员会主任之职。一天，国民政府军令部次长刘斐问他国共两党将来到底谁胜谁败。他直言不讳地回答："共产党必胜，国民党必败！"在渝一年，他积极从事抗日救国活动，并曾以青帮身份帮助中共地下组织派党员和进步人士去外地工作。

杜心五惩罚武林败类的传说甚多，但他始终坚持"打九九不打十足"的原则，给人以改过自新的机会。他通晓医药，擅长治跌打损伤。他自制千搥膏与丸、散救死扶伤。他为穷人治病，从不收受酬谢，但有钱人求医，则曰"到医院去！"

1951年初，中南军政委员会聘请杜心五为参事。同年一月起，又任湖南人民军政委员会顾问、省政协委员。1953年7月8日，病逝于长沙北门寓所，享年八十四岁。

"井淘三次出好水，人从三师人上人"杜心五"转益多师"，习艺精勤，恪守武德，严于律己，为人光明磊落，处世与时俱进，堪为习武者之楷模。

精武会立绝技显

上海开埠，至20世纪初已成为中国经济中心。文化事业得到迅速发展，武术人纷纷赴沪，借地传拳授徒。为弘扬国术，"精武会"于1910年7月7日成立。是我国近代第一个民间武术团体。

> 霍元甲（1869—1910），字俊卿，天津静海人，精武会创始人之一。霍元甲排行第四，自幼体弱多病，其父不许他练武。他求艺心切，偷看其父与诸兄练武，夜深人静，独自在枣园内练习，从不间断，后经其父与诸兄指点渐入艺境。

1901 年有个俄国力士在天津戏院卖艺，自称为"世界第一大力士"并说"第二是英国人"，"第三是德国人"，霍元甲闻知后，欲与俄国力士较量。俄国力士被霍元甲大无畏气概所慑，登报更正后离津。

1909 年 12 月下旬霍元甲应英国拳师奥皮音之邀赴沪比武。1910 年 4 月霍元甲，偕其徒刘振声来沪。抵沪后，经与奥皮音数度商洽，订定条款，约期比赛。

陈其美、农劲荪、陈公哲等就捐集款项，借定会场，搭架擂台于沪上张园（即原张家花园"味莼园"，现位于泰兴路南端），定于 4 月中旬，午后 4 时比武。届时奥皮音仍失约未到。发起人于失望之余，提议于众宾中登台比武，以不伤对方为原则，以身体倒地分胜负。登台者有东海赵某及其师海门张某，最后均以霍元甲取胜而宣布擂台赛结束。霍元甲自经张园比武后，扬名沪上。

此后，张园对擂台赛颇感兴趣，于 1910 年 4 月 19 至 21 日《时报》上以中国大力士的名义连登三天广告。内容为二：其一，为擂台比武之规定。其二，为拟立一学堂，教授武术，提倡尚武精神。当时，革命之火已在全国蔓延，陈其美等人顺势提出"希望十年内训练出千万名既有强健体魄，又有军事技能的青年以适应大规模革命运动和改良军事的需要"。这批喜武、爱国的忠义之士决定创办中国精武体操会，由农劲荪任会长，霍元甲任武术教练。1910 年 6 月以霍元甲的名义在《时报》上刊登了建会消息。

建会不久，霍元甲患病逝世，为延续精武事业，陈公哲、卢炜昌、姚蟾伯共商重整精武大计。三人将精武体操会更名为精武体育会，确定宗旨、制定章程、统一会标，从此精武会走出低谷，走向繁荣。

上海精武会为中国近代武术之发展，提供了一个跨地域的平台。在上海精武会影响下，不少地方也办起了精武会，为中华武术之现代化、理论化、普及化创造了条件。霍元甲遗志为后来者继承。

王子平露强劲力

近代弹腿名家首推王子平（公元 1881—1973 年）。王子平，河北省沧县人，回族。王子平自幼苦练武功，人家不教，他就偷着学，偷着练。

自己挖沟、挖坑，以此来练习跳远和蹦跳。随着沟的挖宽，坑的挖深，功夫日见长进。凡有益于拳术练功者，如杠子、皮条、扯旗、跳绳、踢毽子、游泳、骑射等，莫不研习，因此被誉为全面的武术家。

王子平早岁行商关东，后投身军伍，以武术教练将士。光绪二十六年（1900年）义和团失败，他避嫌出走济南。以行商为业，每到一地，着意寻访武术名家，求学各门技艺；后投济南镇守使马良兴办的军事武术传习所学习，从查拳大师杨鸿修精习查、滑、炮、洪等拳及弹腿诸艺技。

1918年，号称"世界第一大力士"的俄国大力士康泰儿在北京中央公园献技，势甚嚣张，王子平激于义愤，当众挫败之。1921年，有一个叫沙利文的美国人结伙来到上海摆擂台。他们自恃阵营坚强，气焰极为嚣张。王子平上擂，避开来拳，顺势飞起一脚，把那家伙踢翻在地，随后又还报他一拳。那帮国际流氓见势不妙，马上溜之大吉。不可一世的"万国竞武场"，就这样在上海随风凋谢。1922年，齐白石挥毫写下"南山搏猛虎，深潭驱长蛟"的条幅赠给王子平，称赞他高尚的民族气节和纯熟的技艺、深厚的武功。

王子平先后在北京、天津、济南、张家口、南京等地传播武术，还曾在西北军中教授武术，门徒众多。1923年创办中国武术社，在上海"全国武术运动大会"上，与武术名家何玉仙、刘百川、高振东等登台表演武技。1928年任南京中央国术馆少林门长，后任副馆长。1949年后，先后任中国武术协会副主席、中华全国体育总会委员，有《拳术二十法》《却病延年二十势》等书问世。

王子平早年研习子午剑，遍行大江南北，看到了许多名家的各种优秀剑术以后，博采各家之长，推陈出新。青龙剑就是集各家之长，并吸取了西欧击剑和日本剑道的优点，结合他自己的心得体会而创造的。学以创，一代武林宗师用自己毕生的武术实践拓宽武术之路。

「王子平」

温刘献艺德意志

温敬铭（公元 1905—1985 年），河北蠡县人。自幼师从罗成立学习武术，精于翻子拳、绵拳、大枪、剑术。罗成立将他训练成自己最得意的弟子，并赞助他报考了中央国术馆。1932 年，二十八岁的温敬铭成为南京中央国术馆的一等练习员。系统的训练和对武术理论的探讨和钻研，温敬铭逐渐成为武术通才。

刘玉华从小体弱多病。在家庭支持下开始学习武术，她的老师是大刀何福同、大枪孟广泰。她是同代武术家中独树一帜的女"刀客"。温、刘就是在柏林奥运会全国选拔赛上相识。

1936 年随中国体育代表团参加第十一届柏林奥运会温敬铭和张文广演出了空手夺枪，九尺银蛇在张文广手中上突下刺，左挑右点，步步攻心，枪枪锁喉。温敬铭则赤手空拳，在舞枪如风，落枪如雨的对手前翻滚跳跌、闪展腾挪，每每让银枪擦身而过。刘玉华则表演了双刀，身形矫健，刀花如雪，获得了一致赞誉。短短的 20 分钟之后，那些自认为天子骄子的外国人称中国武术有"了不起的体育价值、艺术价值、国防价值！"

「温敬铭」

奥运会结束之后，汉堡、慕尼黑、法兰克福、威斯巴登……许多城市的体育界竞相邀请中国武术队巡回表演，中国武术队载誉而归。同年出访东南亚等国家和地区，均受到各国观众的追捧。

> 温敬铭和老伴刘玉华是国内最早的 9 段高手，大儿子温力是第一届武术研究生，小儿子温庄曾担任湖北省武术散手队总教练，一家四口，共同演绎着中华武术的传奇故事……

温敬铭 1955 年起在武汉体育学院担任武术教学工作，1979 年获国家级裁判称号，同年当选为中国武术协会副主席。温敬铭还在教学之余，着力于武术著述，出版了《短兵术》《中国式摔跤》《铐手翻子》等著作，并与张文广负责编写了长达 90 余万字的武术教材。温敬铭还受国家体委委托主持制定了《武术竞赛规则》《中国式摔跤规则》，并参与创编了初级、乙级和甲级长拳套路及《女子拳》等书。

温刘夫妇以言传身教来推动武术的传承与普及。他们所教的学生有的成为高等学校的教授，有的在各级体育机构任职，有的分配到各运动队、研究所任总教练、教练和研究员。

「刘玉华」

温刘伉俪终身习武，以传承和弘扬中华武术为毕生事业。即使在耄耋之年，两位老人还下训练场亲自为学生示范。他们最大的期盼是，中华武术能成为奥运项目。中华武术文化能在世界文化之林中绽放异彩，他们的遗愿将会在后代手中实现。

何张传徒重启迪

何福生，回族，河南省南阳市人。1928 年 10 月，在南京举行的第一届国术国考中，何福生获得了刀、枪、剑、棍套路比赛的优秀奖。次年，他被录取为国术馆第三期教授班的学员。国术馆的学员多为当时武林好手，考试的项目有套路、散手、摔跤三项。能在全馆的考试中取得全能名次已不易，何福生竟能年年夺魁，更非易事。

1933 年和 1936 年，中央国术馆曾两次组织"南洋旅行团"。先后访问了香港、菲律宾、新加坡、马来西亚、印尼等地，他们的精彩表演，轰动了南洋。在新加坡的一场表演中，何福生与温敬铭的"空手夺枪"，配合默契、招式严谨、干净利落，博得全场观众狂热欢呼，在观众的掌声中，他们连续返场表演七次。

1931年何福生以优秀的成绩，毕业于中央国术馆，留馆任教。1933年受聘任国立国术体育专科学校武术教师。1958年何福生担任云南武术队教练，培养了苏自芳、胡宝林、贾文琴、玉班、李海燕、朱刚平等武坛健将。1972年，62岁的何福生自告奋勇，承担起重建云南武术队的重任。白天当教练，晚上还当文化教员，给运动员上文化课。云南队有下基层为少数民族表演的传统，何福生不仅带队下去，他的形意拳和对练项目是每场必演的压轴戏。西双版纳、瑞丽、昭通、大理等地的傣、白、佤、哈尼等族的观众，无人不知晓这位老当益壮的武术家。

1980年何福生访日时已是古稀之年，但他在40余场表演中，场场不落，所现功力日本朋友为之倾倒。

张文广，河南通许县人，十岁师从查拳大师常振芳。1933年张文广考上南京中央国术馆。得到黄柏年、姜容樵、吴俊山、马玉然等武术名师的教授、指点，他能够博采众长，融为己用，创造出自己的独特风格，形成"张派"武术。1934年摔跤公开赛，张文广以灵活多变的战术，战胜对手，赢得轻量级冠军。

1935年，他被选入中国国术队，赴香港、新加坡、菲律宾、马来西亚等地巡回表演。他的查拳、梅花刀、锁喉枪，刚健潇洒，动迅静定，风格独特。1936年，张文广获得了参加第十一届奥运会武术选拔赛的男子第一名，在柏林登台献技。

从1936年起，张文广走进校园，在各类学校教授武术。1953年在中央体育学院（今北京体育大学）任教，并和同仁一起创办了新中国第一个武术系，担任系主任，为国家培养了大批武术人才，其中包括被誉为"当代武林四头牛"的吴彬、门惠丰、夏柏华、张山。此外，他还培养出我国第一批武术硕士研究生。

正是有何福生、张文广等武术教育家，使中华武术传承有根，弘扬有源。

结 语

　　武林与武术门派是不同历史时期习武者的聚合，也是武术文化依托的社会基础。脱离武林与武术门派去讨论武术文化，则武术文化成为空中楼阁，源从何来，流向何处，传播范围如何，武术文化内涵如何……这些问题都无从解答。

　　《长江流域的武林流派》以地为经，以时为纬，以不同地域、不同时段的武林和武术门派来阐释长江流域的武术文化，既彰显历史风貌、发展源流，也体现出地域文化对武术的影响，从而显示地域武术的独特魅力。

　　6300余千米的长度，180余万平方千米的流域面积，长江养育了上至雪域高原，下至江浙沿海的几十个民族，孕育了不同民族的文化。通过文化的交流融合，中华武术已成为多民族文化的共同载体，于是各民族的音乐、舞蹈、技击、民俗都在武术中展露风姿。在长江流域的武术中，我们看到了藏刀的豪迈、彝刀的锐利、阿昌刀的可柔克刚、巴刀的一往无回……也看到汉族大环刀的威猛、柳叶刀的轻灵、雁翎刀的飘忽……生活环境的不同，也形成了不同武术门派对不同器械的选择，并用本门心法来创造器械的不同用法。用"百花园"来形容长江流域的武术再恰当不过，七彩缤纷、眩人耳目。

　　武林人沾着一个"武"字就难以脱离江湖，以武生，因武死的生涯使长江的武林人将武术道德与长江文化结合起来。武术与文化的结合提升了武术，也充实了文化内涵。如果说驰骋原野、慷慨悲歌，构成了燕北塞外的雄风，那么刀迎落红、剑拂柔柳，则绘出了一江两岸的诗情。

　　往矣！昔日长江流域之刀光剑影，已融入历史的余晖！盛矣！今朝长江流域之龙腾虎跃，正焕发夺目的青春！

主要参考文献

[1] 唐豪.中国武艺图籍考.太原：山西科学技术出版社，2006.

[2] 邱丕相.中国武术史.北京：高等教育出版社，2008.

[3] [晋]常璩.华阳国志.上海：上海古籍出版社，1987.

[4] 温力.武术与武术文化.北京：人民体育出版社，2009.

[5] [清]黄宗羲.黄梨洲文集.北京：中华书局，1959.

[6] 国家体委武术研究院.中国武术史.北京：人民体育出版社，1997.

[7] [明]戚继光.纪效新书.范中义校释.北京：中华书局，2001.

[8] 王鸿鹏.中国历代武状元.北京：中国人民解放军出版社，2002.

[9] 中华书局编辑部.二十四史.北京：中华书局，2000.

[10] 达仓宗巴·班觉桑布.汉藏史集.陈庆英译.拉萨：西藏人民出版社，1986.

[11] [明]罗贯中.三国演义.北京：人民文学出版社，1973.

[12] 谭其骧.中国历史地图集.北京：中国地图出版社，1982.

[13] 万籁声.武术汇宗.北京：北京体育大学出版社，2013.

[14] [明]郎瑛.七修类稿.上海：上海书店出版社，2001.

[15] 陈钟华，戴建国.巫家拳.长沙：湖南科技出版社，2012.

[16] 温佐惠，陈振勇.巴蜀武术.北京：人民体育出版社，2010.

[17] [宋]周密.武林旧事.北京：中华书局，2007.

[18] 袁镇澜.古越武术.北京：人民体育出版社，2010.

[19] 任海.中国古代武术.北京：商务印书馆，1996.

[20] 于志钧.中国传统武术史.北京：中国人民大学出版社，2006.

（本书写作中还参考了大量期刊论文、未刊论文、访谈游记、新闻稿件，采用了一些资料照片，因篇幅所限，未能一一列举作者与篇名，敬请各位专家学者谅解。）

图书在版编目（CIP）数据

武林流派/曾睿编著．—武汉：长江出版社，2019.6（2023.1重印）
（长江文明之旅丛书．人文历史篇）
ISBN 978-7-5492-6533-6

Ⅰ．①武… Ⅱ．①曾… Ⅲ．①长江流域—武术流派 Ⅳ．①G852

中国版本图书馆CIP数据核字（2019）第105233号

项目统筹：张　树
责任编辑：高婕妤　　王　珺
封面设计：刘斯佳

武林流派

刘玉堂　王玉德　总主编　曾睿　编著
出版发行：上海科学技术文献出版社
地　　址：上海市长乐路746号　200040
出版发行：长江出版社
地　　址：武汉市解放大道1863号　430010
经　　销：各地新华书店
印　　刷：中印南方印刷有限公司
规　　格：710mm×1000mm　1/16
印　　张：9.5
字　　数：129千字
版　　次：2019年6月第1版　2023年1月第2次印刷
书　　号：ISBN 978-7-5492-6533-6
定　　价：39.80元

（版权所有　翻版必究　印装有误　负责调换）